Geografie culturali

I manuali

Giuliano Gaia

Il museo immediato

*Digitale per la cultura:
da Arpanet all'intelligenza artificiale*

EDITRICE BIBLIOGRAFICA

https://doi.org/10.53134/9788893576369

Impaginazione: CreaLibro di Davide Moroni
ISBN: 978-88-9357-636-9
Copyright © 2024 Editrice Bibliografica
Via Lesmi, 6 - 20123 Milano

INDICE

Immediata-mente

Il museo immediato… raramente titolo fu più felice. Ma soprattutto felice è l'intuizione che sta dietro a questo titolo. Andiamo per gradi… Gaia parla "dell'evoluzione della tecnologia digitale come una spinta costante verso l'immediatezza" e specifica, "intesa in due sensi: come istantaneità, per cui i sistemi informatici reagiscono subito ai nostri input, e come non mediatezza, secondo il senso etimologico del termine, per cui la novità offerta del digitale è proprio la mancanza di mediazioni". Il rimando evidentemente è al testo di Jay David Bolter e Richard Grusin (*Remediation*) in cui i due studiosi, a partire dagli studi di Marshall McLuhan, indicano come "la cultura contemporanea vuole allo stesso tempo moltiplicare i propri media ed eliminare ogni traccia di mediazione: idealmente, vorrebbe cancellare i propri media nel momento stesso in cui li moltiplica". E quindi, "nel tentativo di reinventare se stessi, media vecchi e nuovi invocano le logiche complementari dell'immediatezza e dell'ipermediazione".

Gaia sceglie di eleggere come chiave interpretativa del "suo" museo l'immediatezza e, così facendo, spalanca le porte ad alcune questioni fondamentali: in primo luogo l'assunzione definitiva del museo come medium o, meglio ancora, come dispositivo complesso che assomma funzioni e logiche dei media; dall'altra – e di conseguenza – la sua perfetta iscrizione nel novero dei dispositivi, oggetti tecnologici, culturali e sociali. Allo stesso tempo è in grado di formulare comunicazione, di recepire informazioni e di produrne. E ancora, è un dispositivo vocato all'esperienza, e quindi all'immediatezza. E verrebbe anche da dire all'immanenza. Laddove possiamo definire l'immanenza come il carattere di ciò che non esiste al di fuori della realtà di cui partecipa. Allora il "museo immediato" è anche "immanente" nel momento in cui esiste nella sua fisicità, una fisicità che però è da ridefinire, e quindi da ricercare anche nelle sue diramazioni virtuali, nelle connessioni, nelle immersioni, nel remoto e nel cloud.

Secondo la Treccani l'immediatezza è "in filosofia, con accezione generica, il carattere per cui una realtà o una conoscenza esiste o si presenta al pensiero senza esser necessariamente preceduta, idealmente o cronologicamente, da un'altra realtà o conoscenza, che debba mediarla". Ecco allora che il "museo immediato" è quel dispositivo complesso, quasi organico, che si presenta per come è, che va vissuto nella sua immanenza, che si propone all'esperienza e lo fa attraverso una serie di strumenti, modi, forme e pratiche digitali (e postdigitali).

Gaia analizza bene questo contesto e sottende (neanche troppo velatamente) che va rivista la fenomenologia stessa del museo, la sua usabilità, il suo stesso statuto di *Wunderkammer* per assumere una ben più ampia collocazione. E cioè un luogo elettivo di immediatezza che si dirama ben oltre il suo spazio fisico per ibridarsi continuamente nell'esperienza. La mappatura di questa nuova bizzarra creatura medievale, una vera e propria chimera fantastica e allo stesso tempo – diciamocelo – anche un po' perturbante, è frutto di un più o meno sapiente dosaggio alchemico. Chi lo sa usare può aspettarsi di trovare la pietra filosofale, altrimenti si va incontro a una spiacevole sfilza di insuccessi, mostri e terribili omuncoli.

Per tracciare questa mappa Gaia sceglie come soglia le tecnologie. Le inquadra in un percorso, le consegna alla "tradizione" museale e infine le invoca come parte di un più complesso mosaico generativo. Dai primordi della connessione con Arpanet fino all'Intelligenza artificiale generativa, la tecnologia diviene per il museo una scelta, un orientamento, una strategia, un patto con il visitatore. O almeno, tale dovrebbe essere: una scelta. Un dosaggio, volendo riprendere la metafora alchemica.

Il museo descritto in questo volume è un museo che esiste, retto in maniera spesso formidabile dai numerosi esempi che l'autore propone al suo lettore; ma è anche un museo possibile (quello che viene pianificato in questi anni, a volte bene, altre no); e un museo futuribile, una dimensione, cioè, che si propone a nuove pianificazioni e persino a nuovi statuti da adottare. Gaia sa bene che il museo non è fatto solo dalle sue mura, dalle sue mostre, dai fondi, ma è fatto anche delle persone che ci lavorano e da quelle che lo visitano, è fatto della comunicazione, degli studi, della didattica, del territorio e della sua internazionalizzazione. Vive alla confluenza di visioni e di pieghe diverse e diversificate. Possiamo dire che il suo proporsi a questa dimensione complessa è compito della tecnologia.

Simone Arcagni

Questo libro nasce innanzitutto da un'esperienza di prima mano: quella di aver lavorato nel campo dei musei e Internet dal 1995, prima all'interno dei musei, poi come co-fondatore, insieme a Stefania Boiano, dello studio di consulenza culturale InvisibleStudio, con il quale dal 2003 abbiamo collaborato con musei e istituzioni culturali in Italia e nel mondo.

In questi 25 anni di lavoro sul rapporto tra museo e rete abbiamo quindi visto nascere, diffondersi e svanire molte tecnologie, e molti modi di intendere la tecnologia.

Per questo, oltre ad avere sviluppato una certa "laicità" nei confronti dell'entusiasmo per questa o quella specifica soluzione tecnologica, abbiamo raggiunto la profonda convinzione che per comprendere al meglio le tecnologie occorra conoscerne innanzitutto la storia. Una tecnologia allo stato nascente è infatti più chiara, più definita negli scopi e nei bisogni a cui cerca di rispondere, e analizzandone l'evoluzione successiva si capisce molto anche della società con cui quella tecnologia si è incontrata.

Ecco perché questa panoramica degli strumenti digitali che concorrono a costruire la presenza e l'identità di un museo online nasce innanzitutto dall'analisi storica della loro origine ed evoluzione; d'altronde, chi come noi lavora con i musei non può che amare la storia e considerarla una delle chiavi fondamentali per la comprensione di ogni fenomeno umano.

Tra le varie chiavi di lettura che questa cavalcata lunga quasi settant'anni suggerisce, ve n'è una particolarmente importante: quella che vede l'evoluzione della tecnologia digitale come una spinta costante verso l'immediatezza, intesa in due sensi: come *istantaneità*, per cui i sistemi informatici reagiscono subito ai nostri input, e come *non mediatezza*, secondo il senso etimologico del termine, per cui la novità offerta del digitale è proprio la mancanza di mediazioni.

Entrambi questi concetti pongono al museo delle sfide epocali. Da un lato infatti il museo è costretto a diventare istantaneo, reagendo molto rapidamente agli stimoli esterni, specie dei propri visitatori (e-mail, post sui social, recensioni) e offrendo servizi sempre attivi, 24 ore su 24, come il sito web, le applicazioni, la possibilità di approfondire temi e inviare messaggi e feedback. Dall'altro il museo si trova spesso a dover offrire i propri contenuti e veder fruite le proprie collezioni senza alcuna possibilità di mediazione. Un museo non controlla le fotografie dei visitatori, l'angolo con cui vengono prese, dove vengono condivise e l'uso che ne viene fatto. Persino nelle proprie gallerie è possibile trovare oggetti digitali estranei, grazie alla realtà aumentata, come ad esempio nel nostro progetto *Room 55* di cui parleremo più avanti.

Ci sono alcuni musei che hanno reagito abbracciando questa immediatezza. Un caso celebre è il progetto RijksStudio del Rijksmuseum di Amsterdam, che offre la possibilità di ricercare e scaricare gratuitamente immagini ad alta risoluzione di tutte le opere del museo (offrendo quindi un servizio istantaneo) e poi di farne l'utilizzo che si preferisce, anche commerciale, riproducendo e modificando le immagini senza alcun intervento del museo, che quindi rinuncia ad ogni mediazione, perché, nelle parole del direttore Taco Dibbits, "se proprio vogliono stampare un Vermeer sulla loro carta igienica, preferisco che su quella carta ci sia un Vermeer ad alta risoluzione piuttosto che una riproduzione scadente".[1]

---

[1] Cfr. Werner Schweibenz, *The Work of Art in the Age of Digital Reproduction*, "Museum International", 70 (2018), 1-2, p. 8-21 (traduzione nostra).

Allo stesso tempo però non bisogna cedere neanche alla dittatura dell'immediatezza. Lo stesso Rijksmuseum ha lanciato nel 2015 la campagna #hierteekenen ("Inizia a disegnare")[2] in cui invitava ad abbandonare il cellulare e a tentare di riprodurre le opere con il disegno. Da allora ogni sabato il museo distribuisce gratuitamente al suo pubblico fogli e matite da disegno, invitando ad abbandonare l'immediatezza della foto a favore di un mezzo lento, ma che spinge ad un'osservazione molto più profonda.

L'immediatezza, infatti, spesso va a detrimento dell'approfondimento. Oliver Burke racconta il caso di Jennifer Roberts, che insegna storia dell'arte ad Harvard e che chiede ai suoi studenti di andare al museo e sedere per tre ore consecutive di fronte ad un singolo quadro, senza cellulare o altre distrazioni, semplicemente guardando.[3] Un'esperienza sfiancante, ma in grado di portare ad una comprensione talmente intima del quadro da risultare quasi mistica. Nell'era dell'immediatezza, il museo può e deve tornare ad essere, a volte, il luogo della lentezza.

Come è strutturato questo libro

Come ogni panoramica, anche questo libro non richiede necessariamente una lettura lineare. È possibile scegliere i capitoli che più interessano, con un approccio non sequenziale. Per la successione delle varie tecnologie abbiamo scelto un criterio cronologico, che spesso non fa riferimento al momento esatto

---

[2] Carey Dunne, *Rijksmuseum Asks Visitors to Stop Taking Photos and Start Sketching the Art*, "Hyperallergic", November 24, 2015, https://hyperallergic.com/256575/rijksmuseum-asks-visitors-to-stop-taking-photos-and-start-sketching-the-art.
[3] Oliver Burkeman, *Come fare per avere più tempo?*, Milano, Vallardi, 2022, p. 145-148.

della nascita della tecnologia, che a volte è difficile da determinare con esattezza, quanto al momento in cui quella tecnologia è diventata nota al grande pubblico o all'industria nel suo insieme.

Ogni capitolo è articolato in tre momenti: il racconto della nascita della tecnologia, l'analisi di come viene impiegata nel settore artistico e museale, e infine una breve serie di domande con cui il lettore è invitato a riflettere autonomamente per poi orientare la propria azione.

I PRODROMI DELL'IMMEDIATEZZA: DALLO SPUTNIK AD ARPANET (1957-1969)

Lo Sputnik

Nel 1957 avviene un evento decisivo per la guerra fredda, ma più probabilmente per l'intera umanità: l'URSS lancia in orbita lo Sputnik, il primo satellite artificiale.

Questa data è importante sotto due aspetti. Da un lato segna l'avvio della vera conquista dello spazio, nel modo che più risulterà utile per l'evoluzione umana: il lancio dei satelliti.

Lo Sputnik ha però anche un altro merito, indiretto ma non per questo meno importante: dimostra agli Stati Uniti che sono indietro nella corsa allo spazio e nella gara tecnologica con l'Unione Sovietica, il loro mortale nemico negli anni della Guerra fredda.

Ciò convince gli Stati Uniti a creare l'anno successivo l'ARPA (Advanced Research Project Agency), un'agenzia il cui compito è finanziare ricerche per cercare di colmare la lacuna tecnologica con i sovietici. ARPA è attiva ancora oggi (col nome di DARPA: Defense Advanced Research Project Agency, www.darpa.mil) e finanzia soprattutto ricerche nel campo dell'intelligenza artificiale e dei veicoli a guida autonoma (compresi droni, navi e aerei).

ARPA è essenziale nella nostra storia perché è al suo interno che nasce Internet.

I primi studi sulle reti

L'agenzia ARPA studia, tra i vari progetti, come realizzare reti di comunicazione tra computer che possano essere particolarmente resistenti ed efficaci. Un passo avanti importante sono gli studi di Paul Baran, sviluppati tra il 1960 e il 1964, sul concetto di una rete che possa resistere ad attacchi nemici.[4]

Se guardiamo i tre disegni qui sotto notiamo che la rete centralizzata A è particolarmente vulnerabile, perché basta che venga colpito il nodo centrale, da cui passano tutte le comunicazioni tra i nodi, perché la rete si interrompa completamente.

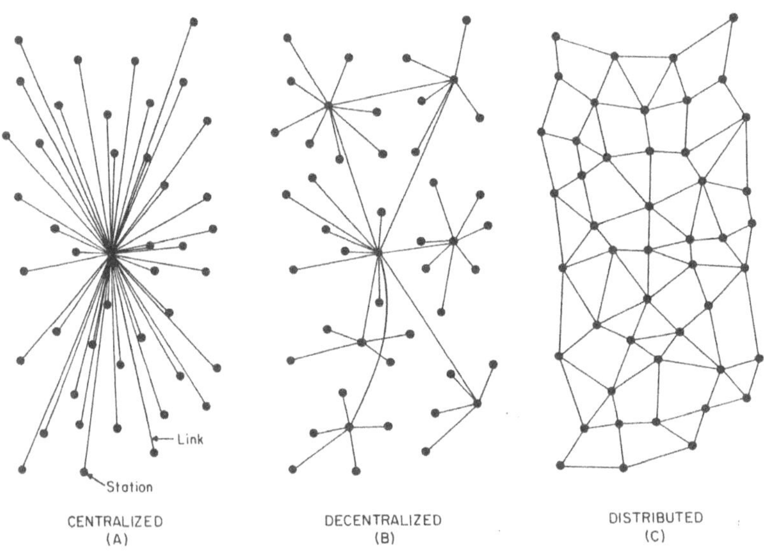

Figura 1 - Disegni di rete tratti dal paper di Paul Baran
On Distributed Communications (1964, Rand Corporation)

---

[4] Paul Baran, *On Distributed Communications: I. Introduction to Distributed Communications Networks*, Santa Monica, CA, RAND Corporation, 1964, https://www.rand.org/pubs/research_memoranda/RM3420.htm.

Un esempio di rete leggermente più resiliente è la rete decentralizzata B, dove vediamo dei rami laterali, i quali però fanno comunque riferimento a computer centrali che, se messi fuori uso, bloccherebbero grandi porzioni della rete.

Il modello C di rete distribuita è invece particolarmente efficace nel resistere ad attacchi ad ognuno dei suoi nodi, perché se eliminiamo un nodo l'informazione può comunque passare scegliendo altri nodi, isolando o saltando il nodo colpito.

Gli studi di Paul Baran vengono letti con grande attenzione all'interno di ARPA e si decide di basare su questo concetto la nuova rete in fase di progettazione con i fondi dell'agenzia.

La rete distribuita sarà infatti il modello su cui si svilupperà Internet, perché risulta molto efficace non soltanto in condizioni estreme di guerra, ma anche per gestire i problemi di tutti i giorni, come improvvisi sovraccarichi di traffico dati o problemi tecnici ai nodi.

All'interno di Internet, infatti, l'informazione può trovare sempre nuove strade per raggiungere un punto A da un punto B, aggirando eventuali problemi.

Gli studi di Baran sono importanti non solo per la forma della rete, ma anche per la modalità di trasferimento dei dati: non interi, ma spezzettati in "pacchetti". Anche questo è un concetto che verrà ripreso nella futura Internet, con significativi miglioramenti.

Arpanet

Il 1969 è l'anno chiave per la nascita di Internet. Vengono messi in comunicazione tra loro tramite una rete "a pacchetto" i centri di calcolo di quattro università statunitensi: University of California Los Angeles (UCLA); Stanford Research Institute (SRI); University of Utah; University of California Santa Barbara (UCSB).

Il primo dato viene inviato il 29 ottobre 1969 tra UCLA e Stanford; entro dicembre la rete comprende anche le altre due università. È ufficialmente nata Arpanet, la rete che in futuro diverrà Internet.

È importante notare che, per quanto finanziata dai militari, Arpanet nasce come rete di collegamento tra centri di calcolo universitari. Questo doppio aspetto, civile ma finanziato dai militari, è importante per capire lo sviluppo di Internet. La rete nasce dalla Guerra fredda ma si sviluppa in un ambito libertario e "idealistico" come la West Coast americana di fine anni Sessanta, per cui non dobbiamo immaginarci rigidi scienziati in divisa, ma piuttosto degli appassionati di tecnologia che sentono molto l'influenza della nuova ideologia del Sessantotto, che ha proprio in California uno dei suoi epicentri fondamentali.

Accanto a questa narrativa "libertaria" della nascita della rete, ben rappresentata nel libro *Where Wizards Stay Up Late: The Origins of the Internet* del 1998 di K. Hafner e Lyon, che ne narra la storia vedendovi un'eterogenesi dei fini in senso libertario, dobbiamo però citare anche un'altra corrente di studiosi che considera Arpanet uno strumento di controllo e repressione che fin dalla nascita sarebbe stato impiegato dal governo americano per controllare i movimenti controculturali, fino ad oggi (vedi lo scandalo Snowden); questa visione "pessimistica" è raccontata ad esempio nel libro di Y. Levine *Surveillance Valley: The Secret Military History of the Internet* del 2018.

Strumento di libertà o di repressione? La verità, come sempre nel caso di fenomeni complessi, si situa probabilmente in entrambi i lati; Internet è al tempo stesso uno strumento di libertà *e* di repressione. Da un lato infatti, permettendo l'incrocio di enormi quantità di dati, offre agli stati la possibilità di esercitare un controllo senza precedenti sui propri cittadini (e questa è una caratteristica delle macchine da calcolo anche prima di Internet, come si può vedere ripercorrendo l'agghiacciante storia della collaborazione dell'americana IBM con i nazisti per identificare e gestire gli ebrei nei lager grazie alle macchine Hollerith a schede perforate).[5] D'altro lato, Internet crea sacche di libertà di comunicazione nelle quali possono agire i dissidenti e si possono organizzare i movimenti di resistenza al potere, anche se non è detto che questi movimenti siano sempre di segno democratico. Infine, la stessa libertà di comunicazione esistente in rete permette di far circolare idee e concetti palesemente falsi, o manipolati da entità statali e non.[6]

Ma come funziona Arpanet? Il suo scopo primario non è quello di permettere alle persone di comunicare tra loro (per quello nel 1969 esiste già il telefono), ma mettere in comunicazione i computer, in modo da condividere risorse di calcolo. In questo senso è un passo importante verso l'immediatezza, in questo caso dei collegamenti tra elaboratori.

Il secondo aspetto interessante è che utilizza un'*architettura distribuita*, come abbiamo visto con gli studi di Paul Baran, inviando i dati suddivisi in pacchetti secondo un protocollo di comunicazione che negli anni si evolverà fino a diventare il protocollo TCP/IP (*Transfer Control Protocol / Internet Protocol*) sviluppato da Vint Cerf e Robert Kahn, su cui funziona Internet.

Non andremo in questa sede nel dettaglio del funzionamento del protocollo TCP/IP; per il momento ci basta sapere che è un protocollo che permette ad un dato di essere spezzettato in singoli "pacchetti" che vengono spediti separatamente lungo la rete. Ognuno di questi pacchetti ha un indirizzo da raggiungere, scegliendo la strada migliore per arrivare a destinazione. Una volta giunti al computer destinatario, i pacchetti vengono ricombinati per ricostruire il dato originario.

[5] Cfr. Edwin Black, *L'IBM e l'Olocausto*, Milano, Rizzoli, 2001.

[6] Cfr. Richard Stengel, *Information Wars: How We Lost the Global Battle Against Disinformation and What We Can Do About It*, New York, Atlantic Monthly Press, 2019.

Per usare una metafora postale, il TCP/IP funziona come un postino, che per spedire una lettera ad un destinatario ritaglia le singole parole e le mette in buste diverse, tutte con lo stesso indirizzo. Ogni parola all'interno della propria busta fa un percorso diverso per giungere a destinazione, a seconda delle difficoltà incontrate durante il viaggio (scioperi, ritardi di consegna ecc.) e alla fine il computer del destinatario si occupa di aprire tutte le buste e ricomporre la lettera rimettendo in ordine le singole parole.[7]

Uno strumento affascinante per capire il percorso tortuoso dei pacchetti di dati tra il nostro computer e gli altri computer connessi a Internet è *Traceroute*,[8] un software che traccia il viaggio dei pacchetti tra due computer.

Un ultimo aspetto molto interessante di Arpanet e successivamente di Internet è che non esiste un comando gerarchico che impone regole dall'alto. La rete nasce come un accordo tra centri di ricerca che stabiliscono insieme quali standard utilizzare per la comunicazione tra i loro computer.

Internet non è un sistema centralizzato in mano a qualcuno; estremizzando potremmo dire che Internet non ha padroni, anche se naturalmente determinate porzioni della rete sono possedute da aziende di telecomunicazioni, ma nel suo insieme Internet, essendo una "rete di reti", non è posseduta da un'unica entità. Le specifiche tecniche vengono di volta in volta decise sulla base di documenti che sono detti RFC, *Requests for comments* (richieste di commento), con cui i tecnici propongono il miglioramento o il cambiamento di determinati standard, innescando un dibattito che alla fine può portare ad un accor-

---

[7] Per capire bene il funzionamento tecnico di Internet raccomandiamo la visione di una serie di video che lo descrivono in modo molto efficace, rapido e facile: https://www.youtube.com/watch?v=Dxcc6ycZ73M&list=PLzdnOPI1iJNfMRZm5DDxco3UdsFegvuB7&index=1.

[8] È possibile provarne una versione online su https://geotraceroute.com.

do generale, e quindi al cambiamento della rete, oppure semplicemente non essere accettato, lasciando quindi inalterato il funzionamento originale.

I musei e Arpanet

Il titolo di questo paragrafo è volutamente un po' provocatorio: ai tempi di Arpanet i musei di fatto non ne conoscevano neppure l'esistenza, e anche oggi continuano a ignorarla, a parte qualche mostra sulle origini di Internet o qualche museo specializzato.

Se proviamo però a riflettere sugli ingredienti di questa storia (e cioè l'avvento dei satelliti, lo studio delle reti e la comunicazione a pacchetti), troviamo molti spunti per chi lavora nei musei oggi.

1) Musei ed esplorazione spaziale

Riflettere sull'impatto dell'avvento della tecnologia spaziale sullo sviluppo dell'umanità significa accettare il fatto che ci troviamo in una realtà sempre più tecnologizzata, una "tecnorealtà", che nasce già nell'Ottocento con lo sviluppo dell'industria, delle reti di trasporto e delle reti di comunicazione.

In questa tecnorealtà, quanti gradi di separazione esistono tra le esplorazioni spaziali e i musei? In verità meno di quanto pensiamo. Il nostro smartphone per condurci al museo con Google Maps comunica con i satelliti discendenti dello Sputnik, e lo stesso fanno i sistemi di sicurezza, di riscaldamento intelligente, di tutto quel delicato apparato che permette alla "macchina museo" di funzionare e accoglierci. I satelliti vegliano su di noi come una rete di presenze invisibili, quasi angeliche, permettendo comunicazioni, geoposizionamento, previsioni meteo, intercettazioni e attacchi informatici.

Immersi nella tecnorealtà, visitati da tecnoumani dotati di smartphone e perennemente connessi alla rete, i musei stanno inevitabilmente diventando tecnomusei. Questo passaggio è a nostro avviso importante, perché troppi operatori si concentrano sulla digitalizzazione dei musei ignorando la digitalizzazione dei loro visitatori, che sono la vera spinta al cambiamento. Se consideriamo infatti come tecnomusei solo quei musei che hanno investito ingenti somme per digitalizzare fortemente l'esperienza museale, come ad esempio il Cooper-Hewitt Museum di New York[9] o il Museo M9 di Mestre, ci troveremo solo con pochi casi, e tra l'altro neppure tutti di successo.[10] Se invece allarghiamo lo sguardo ci rendiamo conto che la vera novità è costituita dalla digitalizzazione del pubblico, che è oramai abituato a interpretare il mondo con l'ausilio dei propri strumenti digitali, ad esempio fotografando, condividendo e cercando informazioni. In questo senso, tutti i musei sono, inevitabilmente, tecnomusei, anche quelli che a malapena hanno un sito web; la differenza sta nel grado di consapevolezza che i musei hanno nel gestire questo nuovo pubblico digitalizzato, il "tecnopubblico".

2) Musei e reti

Innumerevoli sono i convegni e i progetti dedicati oggi alla formazione di "reti di musei", per condividere le sempre più scarse risorse e rispondere in modo più efficace alle sfide del presente. Siamo convinti che questo approccio, per quanto meritorio, non riesca ancora a incidere sul vero problema: i musei non sono ancora consapevoli fino in fondo di essere già "in rete" con tutto ciò che li circonda. I musei sono infatti elementi di un ecosistema sociale ed economico dal quale dipendono

---

[9] Cfr. il capitolo *Internet of Things*.

[10] Cfr. Giada Patano, *I rischi della tecnologia nei musei: il caso M9 a Mestre*, "Musei-it.com", 15 marzo 2021, https://www.musei-it.com/post/i-rischi-della-tecnologia-nei-musei-il-caso-m9-a-mestre.

completamente per la propria sopravvivenza e il proprio sviluppo, allo stesso modo in cui un computer della rete vive soltanto comunicando con altri computer. Un museo è legato alla propria città, al proprio quartiere, ad una rete di finanziatori e donatori pubblici e privati, ai mezzi di comunicazione che ne parlano, ai propri dipendenti e ai loro familiari, ai visitatori e ai loro amici, ai propri fornitori e sponsor, una rete in continua evoluzione e dinamico mutamento.

Il museo non è mai il centro, ma come nelle reti decentrate di Baran, è un elemento liquido che scorre sottotraccia tra tutti questi elementi e solo occasionalmente si aggrega e si coagula in un'occasione di visibilità collettiva come una grande mostra o un importante redesign.

In termini di approccio al digitale questo significa che le operazioni digitali vanno progettate e valutate sempre in riferimento al contesto più ampio nel quale il museo si pone e opera. Ad esempio, la contestata apertura delle sale del Louvre al video di Beyonce e Jay-Z nel 2018 ha permesso non solo di aumentare notevolmente l'afflusso dei visitatori al Louvre, ma anche a due importanti artisti neri di misurarsi con le icone dell'arte occidentale, con un video dal notevole impatto estetico e i cui significati sono stati generalmente apprezzati dalla critica.[11] Far dialogare l'arte classica con le forme d'arte contemporanee è uno dei modi in cui il museo può accettare e valorizzare il proprio ruolo di nodo della rete culturale.

Nell'era della comunicazione digitale i musei devono accettare che il modello tradizionale di comunicazione, in cui hanno la

---

[11] Cfr. Cady Lang, *Art History Experts Explain the Meaning of the Art in Beyoncé and Jay Z's 'Apesh-t' Video*, "Time", June 19, 2018, https://time.com/5315275/art-references-meaning-beyonce-jay-z-apeshit-louvre-music-video.

possibilità di inviare messaggi complessi al proprio pubblico senza interferenze, non esiste più. Spesso il museo si illude di essere in un mondo "classico", in cui il proprio pubblico ha la calma, la concentrazione e l'interesse necessari a ricevere lunghe e complesse trasmissioni di sapere. La realtà è un'altra: immersi in un costante flusso comunicativo dato dagli smartphone, dalla moltiplicazione degli stimoli e dall'imperativo sociale, i visitatori assomigliano sempre di più a nodi della rete che ricevono e rilanciano "pezzetti" di informazione, esattamente come i computer connessi a Internet ricevono e rilanciano pacchetti di dati. L'unico modo che ha un museo di sfruttare al meglio questo nuovo stato di cose è adattarvisi per coglierne le opportunità.

Nel vecchio modello, infatti, relativamente poche persone ricevevano messaggi complessi che al grande pubblico erano negati. Oggi invece fasce sempre più ampie della popolazione vengono investite da un flusso di "elettroni culturali" più superficiali ma in misura maggiore. Per adattarsi a questo nuovo ambiente i musei hanno due strategie, che sembrano opposte ma possono essere complementari:

1) I musei devono creare pillole culturali simili ai pacchetti TCP/IP, in grado di trasmettere ognuna un concetto semplice, e che se ricombinate tra loro dal ricevente sono in grado di ricostruire la complessità del messaggio originale, allo stesso modo in cui il computer è in grado di ricostruire un messaggio completo dai dati parziali che gli giungono da strade e momenti diversi. Esempi di questo approccio possono essere i post sui social (Instagram e Facebook ad esempio), che se non ridotti a mero marketing possono portare messaggi culturali anche in ambienti e a persone apparentemente refrattari. Frammenti di arte e bellezza infatti sono in grado di risvegliare desideri incancellati.

2) In determinati momenti, i musei devono essere in grado di offrire esperienze radicali di complessità, momenti di "ritiro digitale" in cui determinati temi vengono affrontati senza l'interruzione di smartphone, o ancora video o post molto lunghi e approfonditi su determinati temi.

Ciò che secondo noi è importante è rendersi conto che si agisce in un contesto radicalmente mutato, in cui siamo soggetti a una quantità di stimoli tale che l'unica reazione possibile è adeguarsi a questa molteplicità e al tempo stesso offrire momenti di pausa. Il museo è nell'invidiabile posizione di poter fare entrambe le cose, grazie alla caratteristica di essere "nel tempo" e "fuori dal tempo". Il museo è infatti al tempo stesso nel presente e nel passato, il luogo ideale in cui cercare un bilanciamento esistenziale tra le necessità dell'effimero e quelle dell'eterno, tra brevità e infinito.

RIFLETTI

1. Elenca tutti i punti in cui la tecnologia digitale influenza la visita museale, prima, durante e dopo il suo svolgimento.
2. Prova a ricostruire la rete di relazioni di un museo, elencando tutte quelle realtà che entrano in contatto con esso o ne sono in qualche modo toccate (dalle istituzioni alle scuole, dagli hotel ai ristoranti della zona e ai giornali locali). Se lavori in un museo, prova a costruire una vera e propria mappa delle relazioni effettivamente esistenti, indicando anche i nomi delle persone che la compongono, e poi chiediti come sfruttare al meglio questa rete.
3. Osserva le collezioni di un museo, e chiediti:
   a. quali messaggi possono essere "spezzettati" in unità minime di contenuto, mantenendo coerenza interna e armonia tra loro?
   b. quali messaggi invece sono talmente complessi da richiedere un'esperienza prolungata, di diverse ore, e come si potrebbe costruire quest'esperienza in modo che rappresenti un momento di sospensione totale da tutto il nostro modo di vivere attuale?

La posta elettronica

Nel 1971 Ray Tomlinson, un programmatore statunitense, invia il primo messaggio di posta elettronica attraverso Arpanet. È un passo decisivo verso la trasformazione della rete in uno strumento di comunicazione tra esseri umani mediato dal computer, invece che un mezzo di comunicazione esclusivamente tra computer per condividere risorse di calcolo.

Tomlinson è ricordato anche per aver inventato, l'anno successivo, l'utilizzo della @ per indicare più facilmente il destinatario di un messaggio di posta elettronica (come john.smith@gmail.com). A questo punto l'e-mail ha tutti gli ingredienti

Figura 2 - Ray Tomlinson (foto da The Verge)

pronti per svilupparsi: un sistema di indirizzamento univoco, affidabile e facile da capire, ricordare e digitare, e un'infrastruttura di rete come Arpanet in rapida espansione per spedire i messaggi.

Per capire lo sviluppo di una tecnologia è importante cogliere qual è la cosiddetta *killer application*, vale a dire quale forma di utilizzo si rivela talmente utile a livello sociale da trascinare l'adozione generale della tecnologia all'interno di un determinato ambiente o periodo storico, "uccidendo" appunto quella precedente.

La posta elettronica è la *killer application* della rete. Essa si impone molto rapidamente come mezzo di comunicazione perché offre degli evidenti vantaggi rispetto alla posta tradizionale e al telefax (un sistema che permette di inviare immagini a distanza attraverso le linee telefoniche). L'e-mail è infatti *immediata*, *gratuita* e *digitale*; quest'ultimo aspetto è importante perché permette di creare archivi elettronici di messaggi facilmente ricercabili e conservabili.

Già nel 1973 il 75% del traffico di Arpanet è costituito dalla posta elettronica, inventata appena due anni prima. È un indizio della rapidità dei mutamenti nell'utilizzo della rete, una caratteristica di Internet che non cessa di sorprendere: lo scenario può cambiare completamente in pochissimo tempo, grazie alla velocità di propagazione e adozione delle tecnologie digitali. Internet è un mare aperto, percorso da onde rapide e impetuose, in grado di modificarne completamente il panorama in pochi anni o addirittura mesi.

L'evoluzione sociale della posta elettronica

La posta elettronica offre anche un altro aspetto innovativo: permette a gruppi di persone di comunicare facilmente tra loro, perché un messaggio può essere facilmente inviato a diversi destinatari, che possono rispondere in tempo reale includendo come destinatari tutti i componenti del gruppo.

La posta elettronica quindi permette per la prima volta una comunicazione efficace *molti-a-molti* invece che *uno-a-uno*, come la posta fisica o il telefono, o *uno-a-molti* come i mass-media tradizionali.

Questa possibilità viene colta piuttosto rapidamente: nel 1975 Steve Walker crea la prima mailing list di argomento tecnico, dedicata ai membri di Arpanet, chiamata *MsgGroup*. L'esperimento ha successo e questa modalità di comunicazione via mail si diffonde rapidamente in rete.

Si moltiplicano i gruppi di discussione dedicati a vari argomenti tecnici, e nel 1979 nasce *SF-Lovers*, la prima mailing list di argomento non tecnico, ovviamente dedicata alla fantascienza, dato che ci muoviamo in un ambiente di tecnofili entusiasti.

Con l'aumentare degli utilizzatori della posta elettronica, nascono anche i primi problemi sociali. Avvengono i primi litigi via posta elettronica, detti *flame war*, favoriti dal fatto che scambiarsi messaggi di testo senza vedersi in faccia favorisce i malintesi, perché è più difficile interpretare correttamente il tono di un messaggio, e l'assenza di contatto diretto favorisce in alcune persone il crollo dei tradizionali freni inibitori dati dalla presenza dal vivo dell'interlocutore.

Si cerca quindi di correre ai ripari cercando soluzioni a entrambi questi problemi: da un lato per ridurre i malintesi si cercano di introdurre le "emoticon" che aiutano a connotare emotivamente i messaggi, dall'altro vengono stilate le prime regole di "netiquette" per aiutare gli utenti a gestire quello che

Figura 3 - Una foto di Scott Fahlman, l'inventore della faccina che sorride nel 1982, accanto alla sua creazione (immagine cortesia di Scott Fahlman)

di fatto è un mezzo appena nato, con regole sociali ancora tutte da definire.

Vale la pena di rileggere la mail originale con cui Scott Fahlman propone di usare la faccina sorridente per indicare i messaggi scherzosi e quella triste per indicare quelli seri. [1]

```
19-Sep-82 11:44     Scott E  Fahlman              :-)
From: Scott E  Fahlman <Fahlman at Cmu-20c>

I propose that the following character sequence for joke markers:

:-)

Read it sideways.  Actually, it is probably more economical to mark
things that are NOT jokes, given current trends.  For this, use

:-(
```

Figura 4 - Il primo messaggio che invita a usare l'emoticon

[1]   Scott E. Fahlman, *The Birth, Spread, and Evolution of the Smiley Emoticon*, August 2021, https://www.cs.cmu.edu/~sef/Smiley2021.pdf.

Dalle prime emoticon si sviluppano versioni sempre più complesse, fino a raggiungere esiti estremi nella ASCII Art, che punta a superare i limiti della larghezza di banda per creare immagini di grande complessità usando solo i caratteri testuali ammessi dallo standard americano ASCII, che definisce l'alfabeto dei computer. L'ASCII Art però resterà sempre una pratica di nicchia, resa obsoleta dal rapido miglioramento delle capacità di Internet di trasmettere immagini di alta qualità e non solo messaggi testuali.

Ripercorrendo l'evoluzione dello sviluppo della posta elettronica, ci si rende conto che sono avvenuti una serie di passaggi che a posteriori sembrano naturali, ma che invece non erano affatto scontati:

1) viene creata una rete di computer, Arpanet;
2) Arpanet viene utilizzata per scambiare messaggi digitali tra esseri umani, la posta elettronica;
3) la posta elettronica viene utilizzata per discutere argomenti tecnici tra molte persone, mailing list;

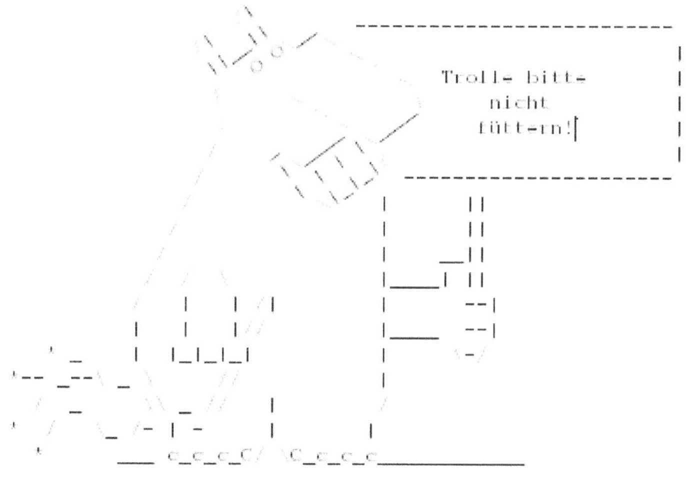

Figura 5 - Esempio di ASCII Art: Non nutrire i Troll (da Wikimedia)

33

4) l'aumento degli utilizzatori e l'espansione degli argomenti anche verso argomenti non tecnici pongono le basi per un utilizzo davvero "globale" della rete, e richiedono la nascita di convenzioni e regole sociali.

Posta elettronica e mailing list rappresentano quindi la prima evoluzione sociale della rete, evoluzione che porterà alla nascita dei forum, prima su Usenet e poi via web, e successivamente fino al Web 2.0 e ai social media di oggi, in un'evoluzione in cui cambiano le tecnologie, ma non il bisogno di fondo degli esseri umani: comunicare tra loro.

I musei e la posta elettronica

La posta elettronica è stata storicamente il primo canale dell'immediatezza, sia nel senso dell'istantaneità che della possibilità per il visitatore di comunicare senza filtri con il museo.

Ad oggi però la posta elettronica è il più scontato, quasi svalutato, dei mezzi di comunicazione digitale a disposizione dei musei e il meno eccitante in termini di marketing. Non ha il fascino della novità, essendo il più "antico" dei mezzi di comunicazione online, e l'aumento esponenziale delle mail, sia lecite che di spam, con la conseguente diffusione dei filtri antispam e dell'indirizzamento automatico in cartelle promozionali da parte di sistemi come Gmail di Google, hanno notevolmente ridotto la possibilità che il destinatario di una newsletter ne legga il contenuto.

Nonostante ciò la mail mantiene una sua notevole importanza, da non sottovalutare sia come mezzo di comunicazione proattiva che come canale da tenere aperto con il pubblico.

Nel 2015 ad esempio abbiamo fatto un piccolo esperimento: abbiamo mandato una mail ai siti di 19 musei milanesi, chiedendo informazioni sull'accessibilità ai disabili dei musei stessi. Il 65% delle istituzioni contattate ha risposto nel giro di 48 ore (il tempo massimo considerato accettabile), il 10% entro 5 giorni e il 25% non ha risposto per nulla. Il nostro piccolo esperimento dimostra che un museo milanese su quattro non mantiene aperto il canale di comunicazione col proprio pubblico più semplice e basilare.[2]

Anche la versione proattiva della mail, la newsletter, è spesso sottovalutata dai musei, nonostante a livello aziendale si stia osservando un certo interesse verso la newsletter come mezzo di fidelizzazione, per sopperire al calo di interesse e ai costi crescenti della comunicazione social, nella quale la lotta con l'algoritmo per riuscire a mostrare i propri contenuti si fa sempre più serrata.

Ecco che la vecchia, umile newsletter ritorna come uno strumento potenzialmente interessante, specie se utilizzato in modo nuovo e creativo. Ad esempio, invece che come strumento di puro marketing può essere utilizzato come strumento di diffusione culturale, sia in pillole che per approfondimenti più lunghi. L'importante è che il museo abbia una "voce" personale e coinvolgente. Durante la nostra collaborazione con il Museo della scienza e della tecnologia di Milano veniva messa da noi molta cura nella realizzazione della newsletter, il nostro principale strumento di comunicazione col pubblico e di creazione di una community.[3] I risultati erano molto incoraggianti, sia in termini numerici che di apprezzamento del pubblico, che sentiva di poter "dare del tu ad un museo", come ci scrisse in una mail un visitatore.

Mandare una mail significa infatti "scrivere ad ogni visitatore", quasi aprire un rapporto epistolare col proprio pubblico. In

<hr>

[2] https://www.musei-it.com/post/i-musei-rispondono-alle-mail-abbiamo-fatto-un-piccolo-esperimento.

[3] Giuliano Gaia, *Towards a Virtual Community*, "Museums and the Web 2001", https://www.museumsandtheweb.com/mw2001/papers/gaia/gaia.html.

passato le epistole erano il canale principale per gli intellettuali per restare in contatto con la cultura del tempo e col futuro, dato che dalla loro corrispondenza siamo riusciti a ricostruirne l'universo mentale e le emozioni. Anche se i tempi sono cambiati, è importante cercare di recuperare quello spirito nella "corrispondenza museale" col proprio pubblico. I lettori/visitatori ce ne saranno grati.

Non solo: come abbiamo visto osservando la nascita delle mailing list, Internet è il luogo delle interazioni "molti-a-molti", un contesto al quale i musei non sono abituati.

Se dovessimo infatti inserire il museo nel sistema dei media, esso sarebbe senz'altro parte dei mass media tradizionali, al pari di libri, giornali e televisione. Oltre ad avere all'incirca la stessa età (il museo nella forma attuale comincia a diffondersi tra fine Settecento e Ottocento, in parallelo con i giornali), il museo tradizionale è un medium unidirezionale, che punta a trasmettere al proprio pubblico un determinato messaggio culturale ammettendo solo un limitato effetto di feedback diretto (ad esempio nel guestbook) o indiretto (la scelta di visitarlo o meno). La radicale trasformazione della comunicazione avvenuta a partire dagli anni Novanta, di cui Internet è il massimo fattore, ha immerso il museo in un flusso di comunicazione globale di cui è soltanto uno degli attori. Oggi il museo comunica con i visitatori, ne riceve i messaggi, i commenti sui social, le recensioni, il passaparola aumentato e viralizzato dai sistemi di messaggistica. Questo stesso meccanismo prende, ingigantisce, diffonde e distorce i messaggi dei musei; basti vedere l'enorme feedback raccolto dal video di Beyoncè girato all'interno del Louvre o, a livello italiano, dal servizio fotografico dell'influencer Chiara Ferragni all'interno degli Uffizi nel 2020. E questo accade anche a livello locale, con numeri più piccoli ma non per questo meno incisivi.

Il museo che si illude di non far parte di questo nuovo contesto, in verità ne è comunque parte, ma inconsapevole e muta.

Ad esempio una nostra ricerca di aprile 2019 su come i musei milanesi gestiscono le recensioni su Tripadvisor ha rivelato un dato sconfortante: solo 4 musei sui 19 monitorati rispondono alle recensioni negative, svelando un'assenza di conversazione che rischia di essere anche assenza di ascolto.[4]

RIFLETTI

1. Prova a mandare una mail al museo da un indirizzo non riconoscibile e verifica la modalità di risposta. Se tempi e modalità di risposta non sono soddisfacenti, è il caso di ripensare il processo di lavoro.
2. Iscriviti alle migliori newsletter di contenuto culturale e aziendale, cercando di uscire dall'ambito strettamente museale per diversificare gli stimoli, e chiediti come applicare nel tuo museo le idee migliori. Ad esempio, la grafica è spesso un mezzo di comunicazione sottovalutato: immagini belle o significative possono avere un ottimo impatto sulle percentuali di click. I sistemi di newsletter avanzati come Mailchimp permettono l'utilizzo di template grafici sofisticati, una più semplice gestione e segmentazione degli iscritti e la possibilità di eseguire analisi raffinate sul proprio pubblico, per capire quali contenuti hanno maggiore probabilità di essere aperti e stimolano più interazioni.
3. Rispondi alle seguenti domande:
   a. Su quali canali di comunicazione digitali il museo ha una propria presenza?
   b. Tale presenza è monitorata almeno settimanalmente, per verificare la presenza di messaggi o recensioni da parte del pubblico? Esistono sistemi di avvertimento automatico per segnalare la presenza di messaggi?
   c. Esistono procedure per la gestione di tali sistemi di conversazione? Ad esempio, è chiaramente indicato un membro dello staff per la gestione?
   d. Esiste un chiaro "messaggio di fondo" che il museo vuole trasmettere all'interno di queste conversazioni? Questo messaggio viene elaborato inconsapevolmente dai vari responsabili o è stato concordato esplicitamente con la direzione?

---

[4] Giuliano Gaia, Stefania Boiano, *I musei milanesi e Tripadvisor: esserci senza esserci*, "Musei-it.com", May 3, 2019, https://www.musei-it.com/post/i-musei-milanesi-e-tripadvisor-esserci-senza-esserci.

Uno dei concetti fondamentali che vogliamo trasmettere con questo testo è che non si può scindere lo sviluppo tecnologico dai bisogni sociali a cui esso risponde. Il bisogno di gioco e divertimento è uno dei bisogni fondamentali dell'essere umano. Si può infatti osservare come i giochi arrivino molto presto nella storia dei computer, già negli anni Cinquanta, al punto che non potremmo neppure chiamarli "videogiochi", dato che non usavano il video ma le schede perforate e le stampanti ad aghi come interfaccia ludica.

Ci concentreremo ora sulla nascita dei giochi online, che sfruttano le potenzialità di connessione della rete per far interagire tra loro più giocatori, creando vere e proprie comunità online.

È difficile stabilire quale sia esattamente il primo gioco online, dato che nella fase di maturazione di una tecnologia esistono spesso molti tentativi contemporanei di sfruttarla, e non sempre siamo a conoscenza di tutti questi tentativi.

Un buon candidato ad essere considerato il primo game online è *Maze War*, del 1973, sviluppato inizialmente da alcuni programmatori della NASA nel loro tempo libero.

Maze War è stato un precursore in molti campi: da un lato infatti è stato probabilmente il primo FPS (*First-Person Shooter*, sparatutto in prima persona, una categoria di videogame in cui il protagonista esplora in soggettiva mondi pieni di nemici da uccidere con armi sempre più potenti), dall'altro è stato il primo a mostrare la posizione del giocatore su una mappa 2D accessoria alla visione principale.

La vera novità di *Maze War* è la possibilità di giocare in rete tra computer connessi tra loro, prima su reti locali, e a partire

Figura 6 - Schermata di Maze War, con la mappa 2D e l'avatar di un altro giocatore connesso (foto per gentile concessione di Bob Purvy)

dal 1977 su Arpanet. Questo permette di incontrare nel labirinto del gioco altri esseri umani rappresentati da immagini puramente digitali e fisicamente connessi da luoghi geograficamente distanti. Si pone quindi il problema di come visualizzare questi esseri umani all'interno del gioco; i programmatori di *Maze War* scelgono di usare un occhio, che oltre ad essere suggestivo e semplice da realizzare ha il vantaggio di mostrare chiaramente la direzione in cui è orientato il giocatore che lo controlla. È il primo *avatar* dalla forma organica; la parola *avatar* discende dal sanscrito *avatara*, che indica l'incarnazione di una divinità.

Nasce quindi la possibilità di assumere forme fisiche diverse dalla propria ed esplorare mondi simulati in cui interagire con altri esseri umani, prima semplicemente sparandogli (come nel caso di *Maze War*) poi con livelli di interazione sempre più complessi, dalle chat alle alleanze per un obiettivo comune, fino alla costruzione di ambienti condivisi o addirittura la creazione di affetti virtuali.

Nei giochi online si sono man mano create comunità molto vaste di giocatori in contatto fra loro anche diverse ore al giorno senza neppure conoscere i reciproci tratti somatici e la rispettiva collocazione geografica.

Negli anni i giochi online si sono fortemente evoluti a livello tecnico, fino a raggiungere elevate qualità grafiche in grado di simulare mondi virtuali di notevole realismo e complessità, abitati da grandi quantità di giocatori: *PUBG*, il gioco online più popolare nel 2024, conterebbe addirittura più di un 320 milioni di utenti mensili.[1]

Anche dal punto di vista economico i giochi online sono diventati un'industria rilevante, con un valore globale che dovrebbe raggiungere i 28 miliardi di dollari nel 2024.[2]

[1] https://twinfinite.net/features/most-played-games.
[2] https://www.statista.com/outlook/dmo/digital-media/video-games/online-games/worldwide.

Eppure alla radice di questi giochi e di questi fatturati restano gli stessi principi che guidavano i creatori di *Maze War*: la possibilità di sfidare i propri limiti contro altri esseri umani, stimolando al tempo stesso la propria fantasia in una dimensione "altra" rispetto alla nostra vita quotidiana.

Musei e videogame

I giochi rappresentano una frontiera importante del museo immediato, perché fanno appello a meccanismi di apprendimento innati nell'essere umano, e non solo: i cuccioli di molte specie imparano giocando. Il gioco porta al coinvolgimento emotivo del visitatore, e lo accompagna in un viaggio di apprendimento e approfondimento, in cui concetti complessi possono essere passati quasi surrettiziamente. Al tempo stesso però la "gamification" è soltanto una delle possibili esperienze che si possono vivere al museo, accanto ad esempio alla contemplazione solitaria o all'esperienza educativa di gruppo.

La questione di fondo è se l'applicazione di meccanismi ludici possa portare a una migliore fruizione del contenuto museale per determinati tipi di pubblico (come i bambini o gli adolescenti) o addirittura per tutto il pubblico. Il gioco viene infatti utilizzato in modo generalizzato nei laboratori didattici dei musei rivolti ai bambini più piccoli, mentre tende a ridursi nell'offerta didattica rivolta alle superiori, a cui vengono spesso proposti contenuti più tradizionali, e sono molto rari nell'offerta agli adulti.

Il tipico modo di pensare dell'ambiente museale tende quindi a considerare l'offerta ludica come non adatta al pubblico adulto, il quale si sentirebbe più a suo agio nelle forme tradizionali di comunicazione culturale, quali visite guidate, pannellistica, audioguide e video esplicativi.

Questo concetto che "gli adulti non giocano" è messo sempre più in dubbio in una società in rapido mutamento quale la nostra. Secondo le ricerche della Entertainment Software Association, l'associazione statunitense dei produttori di videogame, nel 2018 l'età media dei videogiocatori USA sarebbe di 34 anni, con ben il 45% composto da donne; un'immagine quindi ben diversa da quella stereotipata dell'adolescente maschio chiuso nella sua stanza.[3]

Recentemente alcune forme di giochi "per adulti" hanno avuto momenti di ampia notorietà, quali ad esempio le *escape room*, in cui piccoli gruppi di giocatori devono collaborare intensamente tra loro per riuscire a evadere da un ambiente entro 60 minuti, o gli *urban game*, in cui un'intera città diviene ambiente per giochi con meccanismi simili alle cacce al tesoro.

Tuttavia, non possiamo ignorare il fatto che forme di gioco, come ad esempio gli scacchi e le carte, da sempre accompagnano l'essere umano in modo trasversale rispetto all'età.

A questo punto dobbiamo riformulare così la domanda: posto che l'essere umano in quanto tale ama giocare, questa tendenza può essere utilizzata efficacemente nell'apprendimento culturale? E se sì, in che modo? E in particolare, quale ruolo può rivestire il digitale in questo ambito?

Riguardo all'utilizzo didattico dei videogiochi i musei hanno avuto un approccio ancora più prudente, utilizzando forme ludiche come uno strato aggiuntivo rispetto alla propria comunicazione digitale tradizionale, riservandole a fasce piuttosto ridotte dei propri visitatori, quali bambini o ragazzi, normalmente aggiungendo piccoli giochi al proprio sito (tipicamente quiz o puzzle).

La Tate, ad esempio, ha un'intera sezione del proprio sito *Tate Kids*[4] dedicata a piccoli giochi di argomento artistico ma

---

³ http://www.theesa.com/about-esa/essential-facts-computer-video-game-industry.

⁴ https://www.tate.org.uk/kids/games-quizzes.

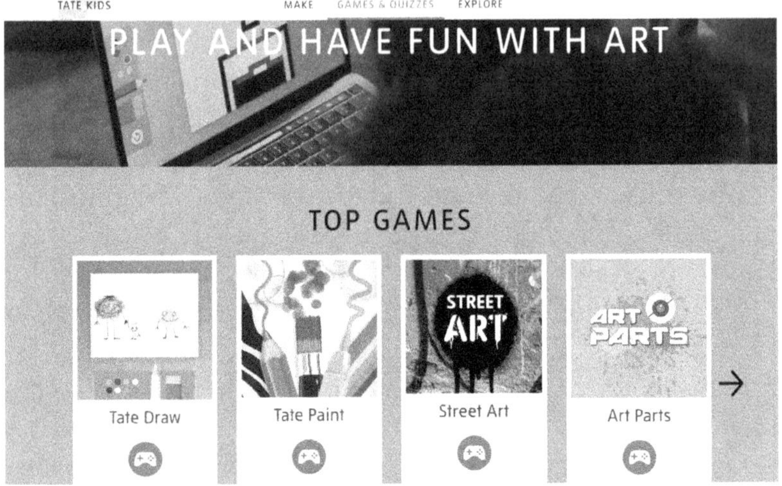

Figura 7 - Schermata dal sito Tate Kids della Tate di Londra

non ha alcuna sezione corrispondente nel sito per adulti (a parte un'app del 2010, *Tate Trumps*, una sorta di gioco di carte basato sulle opere d'arte della collezione), e musei come Louvre o MOMA pur avendo vastissime risorse artistiche ed educative online non hanno nessuna sezione significativa dedicata espressamente al gioco online.

Tale approccio prudenziale è basato su alcune considerazioni. In primis i videogiochi sono considerati parzialmente in contrapposizione con la "sacralità" del museo; l'approccio ludico non è l'approccio contemplativo, tipico innanzitutto dei musei artistici. Non a caso i musei scientifici paiono più propensi a esplorare possibilità di coinvolgimento alternativo del pubblico.

Il Science Museum di Londra ad esempio ha realizzato diversi giochi online, tra i quali particolare successo ha avuto *Launchball*,[5] un semplice videogioco in cui il giocatore supera i vari livelli comprendendo e sfruttando le caratteristiche fisiche dei materiali.

[5] Il gioco è disponibile su https://launchball.sciencemuseum.org.uk.

Un'altra considerazione riguarda la difficoltà di realizzare un buon videogioco. Per ottenere un videogioco efficace infatti bisogna gestire al meglio almeno sei livelli di complessità:

1) il "mondo" in cui il videogame è ambientato;
2) i personaggi che lo popolano;
3) la trama del videogioco;
4) musica ed effetti audio;
5) grafica ed effetti visuali;
6) la giocabilità generale: quanto il sistema riesce ad essere coinvolgente e divertente nell'utilizzo, normalmente la somma di tutti i dettagli.

Gestire bene questi sei aspetti richiede una notevole quantità di esperienza e di risorse, anche economiche, che raramente i musei possono avere al proprio interno.

In questo senso infatti se guardiamo alle esperienze di maggior successo degli ultimi anni, come ad esempio il videogame *Father and Son* del Museo archeologico nazionale di Napoli,[6] esso è stato sviluppato da professionisti esterni provenienti dall'industria dei videogame, e questo approccio è stato probabilmente centrale nel successo del videogioco.

Infine, un freno per i musei è costituito dal cosiddetto *digital divide*, vale a dire dalla preoccupazione che una parte del proprio pubblico non sia in grado di gestire efficacemente un videogioco, per età o per attitudine.

Rispetto a quest'ultima preoccupazione, va notato che videogiochi di grande successo come *Angry Birds* o *Farmville* sono stati usati senza problemi da persone di tutte le età e tutti i livelli di formazione, mentre giochi più complessi richiedono molto tempo per essere padroneggiati adeguatamente, risultando meno inclusivi.

---

[6] Cfr. Ludovico Solima, *Le parole del museo. Un percorso tra management, tecnologie digitali e sostenibilità*, Roma, Carocci, 2022, p. 90-91.

Ciò che è importante, a nostro avviso, è non cadere nello sterile dibattito "giochi sì/giochi no". Questo perché il mondo dei giochi è talmente vasto che in assenza di casi concreti si rischia di scadere nel preconcetto ideologico pro o contro i videogiochi. Esistono infatti giochi che sono mero passatempo e non posseggono alcuna valenza didattica, altri molto didattici ma talmente noiosi da risultare inutili, altri molto didattici e utili ma troppo difficili da usare, altri ancora sono perfetti, ma troppo complessi da sviluppare in un museo.

Ogni riflessione sui videogiochi al museo deve quindi partire da alcune considerazioni:

1) tipologia del museo;
2) il tipo di esperienza che si intende offrire;
3) caratteristiche del pubblico tipico del museo;
4) obiettivi didattici trasversali del museo;
5) quale esperienza si possiede nel campo dei videogiochi;
6) che tipo di gioco si vorrebbe e potrebbe realizzare;
7) come questo gioco si integrerebbe con il resto dell'esperienza museale;
8) come questo gioco potrebbe concorrere al raggiungimento degli obiettivi didattici del museo.

Solo una volta compiuta questa riflessione, un museo può essere in grado di decidere se un videogioco debba essere inserito nella propria "conversazione con l'utente". Oggi infatti l'offerta museale va intesa come una *conversazione* piuttosto che una comunicazione monodirezionale.

Una volta deciso che l'inserimento di un videogame è raccomandabile, un museo ha di fronte a sé quattro possibili percorsi per arrivare a un buon risultato.

1) *Provare a realizzare videogiochi alla propria portata* (sia internamente, sia tramite agenzie esterne), come il già citato *Launchball*, che avendo una grafica molto semplice e un comportamento schematico, risulta poco oneroso

46

da produrre e da imparare, e al tempo stesso è divertente e didatticamente interessante. È una via utile, ma non facile da percorrere, perché richiede una buona dose di creatività per non ritrovarsi col classico "puzzle del quadro" che anni fa si trovava su quasi tutti i siti dei musei artistici. I giochi digitali non devono essere necessariamente basati sulla grafica; un esempio è il *chatbot game* realizzato da InvisibleStudio per le Case Museo di Milano, un game testuale via Facebook Messenger, che si ricollega quindi alla modalità "text-only" di alcuni dei primi giochi online.[7]

2) Cercare di *utilizzare in senso culturale videogame commerciali già esistenti*, sfruttando ad esempio le accurate ricostruzioni storiche di giochi come *Assassin's Creed*, che nella sua versione ambientata in Egitto (*Assassin's Creed Origins*) prevede anche una modalità di gioco didattica chiamata Discovery Tour. Tale modalità *Discovery* non ha i consueti obiettivi di sopravvivenza e completamento, ma è puramente esplorativa, con numerosi approfondimenti, e prevede dei veri e propri tour didattici interattivi. Un'altra possibilità è costituita dalle opzioni di personalizzazione che molti videogame offrono. Il Museo e Villaggio Africano in provincia di Bergamo, ad esempio, ha provato a utilizzare la modalità di costruzione di edifici di *Minecraft* per spingere gli studenti a realizzare edifici tipici di un villaggio africano. L'esperimento, a detta dell'allora direttore Flavio Pessina, è stato solo parzialmente un successo, dato che le abilità necessarie per sfruttare il sistema si sono rivelate troppo complesse

---

[7] Stefania Boiano, Ann Borda, Giuliano Gaia et al., *Chatbots and New Audience Opportunities for Museums and Heritage Organisations*, in Proceedings of *EVA London 2018*, p. 164-171, https://www.researchgate.net/publication/326567573_Chatbots_and_New_Audience_Opportunities_for_Museums_and_Heritage_Organisations.

Figura 8 - Alcuni edifici realizzati tramite Minecraft dal Museo e Villaggio Africano nel 2016 (foto di Fabio Pessina)

da padroneggiare in sessioni di lunghezza compatibile con la visita al museo. Questo ci riporta al problema del *digital divide* accennato prima: giochi troppo complessi che richiedono un tempo di addestramento eccessivo non sono adatti al museo, che deve puntare sulla massima inclusività.

3) *Provare a inserire piccoli elementi ludici nei propri percorsi museali*, senza pretendere di creare esperienze completamente ludiche, ma ibridi tra comunicazione tradizionale (mostre, eventi, siti web) ed elementi propri dei giochi che possano aumentare le potenzialità didattiche e di coinvolgimento degli allestimenti, ad esempio con percentuali di completamento di una data esperienza calcolati automaticamente, in modo da dare l'idea di "passare di livello", o forme di competizione e collaborazione tra i visitatori. Questo tipo di inserimenti, se ben calibrati, ha il vantaggio di non richiedere forti investimenti a fronte di effetti notevoli di miglioramento dell'esperienza utente.

4) *Diventare editore*, finanziando la produzione di videogiochi da parte di realtà esterne specializzate, magari approfittando di sponsorizzazioni o finanziamenti in modo da disporre di budget consistenti. È una via rischiosa, nel senso che può produrre grandi successi (come nel caso già citato del Museo archeologico di Napoli) come pure

costosi fallimenti; come per i film, infatti, non esiste una ricetta sicura per creare un videogioco di successo.

Infine, va tenuto conto di come i videogiochi stiano diventando una forma d'arte musealizzabile, al pari ad esempio della videoarte, passando quindi da strumento per esplorare le collezioni a parte della collezione stessa.

Ne sono una prova due mostre di ottimo livello. La prima è "GAME VIDEO/ART. A SURVEY", realizzata presso lo IULM da Matteo Bittanti e Vincenzo Trione nel 2016. La mostra è un interessante esempio di come gli artisti contemporanei possano usare i videogame per realizzare vere e proprie opere d'arte. La seconda è "Videogames: Design/Play/Disrupt" prodotta dal Victoria & Albert Museum di Londra nel 2018 e dedicata al "dietro le quinte" del design di alcuni celebri videogame.

Infine, vorremmo terminare questo capitolo con una nota ottimistica sul rapporto musei e videogiochi. I musei infatti sono uno scrigno di storie, e proprio le storie sono spesso ciò che è carente in molti videogiochi, patinati ma poco avvincenti.

Figura 9 - Una versione artisticamente modificata dei SIMS, ad opera di Angela Washko, tratta dalla mostra GAME VIDEO/ART. A SURVEY del 2016

L'industria videoludica potrebbe quindi allearsi con i musei per trarne spunti interessanti (e scientificamente attendibili) per i propri titoli, contribuendo al tempo stesso alla diffusione di quelle storie e alla notorietà dei musei che le raccontano. Una situazione di reciproco vantaggio non facile da raggiungere, ma che vale senz'altro la pena sperimentare.

RIFLETTI

Prova a ricordare i videogiochi con cui hai interagito recentemente, o nella tua infanzia. Che caratteristiche avevano? Perché ti attiravano? Quali di queste caratteristiche potrebbero essere riutilizzate in un ambito museale/culturale?

La rete è connessione tra computer; se non esistono i computer, non può esistere neppure la rete per connetterli. Ecco perché non si può prescindere dall'analisi della diffusione dei computer nella società come requisito fondamentale per capire lo sviluppo della rete e la sua penetrazione in fasce sempre più larghe della popolazione.

Non abbiamo l'ambizione di tracciare qui una storia completa dell'evoluzione dell'informatica; ne identifichiamo solo due tendenze fondamentali, intimamente collegate tra loro: *miniaturizzazione* e *pervasività*.

Grazie al continuo miglioramento tecnologico, infatti, i computer si sono trasformati dai mastodonti degli anni Cinquanta ai nostri smartphone. La miniaturizzazione si è accompagnata a un deciso calo dei costi, e questo ha permesso di inserire "computer", vale a dire capacità digitale, all'interno di quasi qualunque oggetto, dai frigoriferi alle automobili, dalle carte di credito alle lampadine.

Ripercorriamo ora le principali tappe di questo processo, che possiamo all'incirca dividere in quattro grandi fasi:

1) l'era dei *centri di calcolo*: il computer come "luogo". Ammassi di valvole, cavi e interruttori, grandi come stanze, comandati da diversi tecnici contemporaneamente, i primi computer sono veri e propri *luoghi* in cui si entra, non pensati per un uso personale bensì come risorsa centralizzata, stanziale, molto costosa e da condividere tra più persone. Nonostante importanti passi avanti in termini di evoluzione tecnologica (come l'arrivo dei transistor e dei circuiti integrati al posto delle valvole) i computer

rimangono *luoghi rari e inaccessibili* almeno fino agli anni Settanta. Non a caso la rappresentazione cinematografica più potente del computer di quest'epoca arriva nel 1968 con HAL 9000, il computer impazzito di *2001 Odissea nello Spazio* di Kubrick. HAL 9000 è gigantesco, affascinante e pericoloso, un luogo "nemico" nelle cui viscere bisogna avere il coraggio di immergersi per riuscire a disattivarlo e salvare gli esseri umani;

2) l'era dell'*informatica personale*: il computer come "arredo", come vedremo più ampiamente nel prossimo paragrafo;

3) l'era della *mobilità* e degli smartphone: il computer come "accessorio" da avere sempre con sé, come appendice fisica dell'individuo ed estensione del cervello;

4) l'era dell'Internet of Things, in cui il computer, oramai perfettamente miniaturizzato e pervasivo, è presente in ogni oggetto con cui abbiamo a che fare, nel senso che ogni oggetto è digitale e interconnesso. Il computer torna quindi a essere luogo, perché ogni luogo nel quale ci troviamo – dall'ufficio alla casa, dalla strada al negozio – ha una dimensione digitale. In questo senso il computer più che luogo, diviene *ambiente*.

Approfondiamo ora la seconda delle quattro fasi che abbiamo identificato, e cioè quella dell'informatica personale, perché si intreccia profondamente con lo sviluppo della rete.

A partire dagli anni Settanta infatti il computer riesce a ridurre le proprie dimensioni fino a poter stare comodamente sopra una scrivania. Il computer cessa quindi di essere *luogo* e diventa *arredo*. Diventando un oggetto, si presta ad essere usato da una sola persona, che ne diventa l'utilizzatore e il padrone esclusivo. Si apre quindi la strada a una vera rivoluzione digitale: quella dell'*informatica personale*.

La nascita del personal computer come fenomeno di massa viene normalmente fatta risalire al 1977, anno in cui entrano in commercio tre computer, tra cui l'*Apple II* di Steve Jobs e Steve Wozniac, preassemblati e con caratteristiche tali da poter essere facilmente usati a casa propria anche da utenti non eccessivamente esperti.

Dobbiamo però attendere il 1981, con il lancio del Personal Computer IBM, per vedere il computer colonizzare gli uffici e le case degli americani. Il suo successo è immediato e globale: grazie alle dimensioni ridotte, al prezzo competitivo e alla pubblicazione delle specifiche tecniche che permettono lo sviluppo di software e periferiche per il neonato computer, l'IBM PC diventa di fatto lo standard dell'epoca. L'era della digitalizzazione di massa è cominciata.

Nel 1982 nasce un altro computer destinato ad avere un ruolo nella digitalizzazione della società: il Commodore 64, il più fortunato esponente di una categoria di *home computer* pensati per essere connessi al televisore di casa ed essere usati sia per i videogiochi che come computer didattici. Come l'IBM PC ha portato il computer sulle scrivanie, il C64 e i suoi "colleghi"

Figura 10 - IBM Personal Computer, Musée Bolo, EPFL, Lausanne.
Foto del Musée Bolo, licenza CC BY-SA 2.0 fr

Figura 11 - Commodore 64, Bill Bertram, CC BY-SA 2.5

(ZX Spectrum, Atari, MSX e molti altri) portano il computer nel salotto o sul divano, lo fanno conoscere ai bambini e danno al computer una faccia "amichevole" e ludica, oltre ad introdurre ai rudimenti della programmazione un'intera generazione di giovanissimi programmatori che avranno un ruolo importante nella diffusione della rete.

Tutti questi computer però, sia personal che home, hanno un problema: risultano ben poco amichevoli da usare. Non hanno una vera e propria interfaccia ma soltanto una riga, detta di comando, sulla quale bisogna scrivere correttamente astrusi comandi da conoscere a memoria.

Nel 1981, in parallelo con il lancio del PC IBM, il gigante delle fotocopiatrici Xerox lancia un nuovo computer basato su un'interfaccia completamente innovativa: è infatti basata sulla metafora della scrivania di un ufficio, con le icone dei normali oggetti da scrivania, tra i quali ci si può muovere tramite il mouse. È un'idea semplice e potentissima, molto intuitiva, al punto che viene usata ancora oggi. Il problema però è che la Xerox, impegnata a fare fotocopiatrici e stampanti, non crede nel personal computer, e non lo supporta, a conferma del fatto

Figura 12 - Immagine dello Xerox Star (1981),
foto per gentile concessione di Albert Cory

che nella storia della tecnologia non conta tanto arrivare per primi, quanto arrivare con il prodotto giusto al momento giusto e comunicarlo al meglio. [8]

Infatti delle idee geniali della Xerox ne approfitta il giovane Steve Jobs, che avendo visto una dimostrazione dell'interfaccia alla stessa Xerox prima del lancio, capisce che è il futuro, e si getta anima e corpo con la sua Apple a creare un computer al tempo stesso compatto, bellissimo e facile da usare, migliorando la nuova formidabile interfaccia grafica inventata dalla Xerox.

[8] Albert Cory, *Inventing the Future (Silicon Valley From the Inside)*, Robert Purvy, 2021.

Figura 13 - Brochure pubblicitaria del primo Macintosh del 1984
(foto di Tiziano Garuti, www.1000bit.it)

Il nuovo computer Apple, chiamato Macintosh, viene lanciato nel 1984, con una campagna promozionale epocale, tra cui il celeberrimo spot "1984" in cui una ragazza distrugge uno schermo per simboleggiare l'uscita dal monopolio della IBM verso un'era del computer più colorata e creativa.[9]

È un computer rivoluzionario per la qualità dell'interfaccia, la facilità d'uso e l'eleganza del design. Quello che sullo Xerox Star era solo un'intuizione, qui diviene prodotto, un prodotto già maturo fin dal lancio e che fa di colpo invecchiare la concorrenza.

Il grande successo del Mac è quindi dovuto, ancora una volta, all'immediatezza. Il Mac richiede meno tempo per essere appreso, l'interfaccia è, appunto, immediata, nonostante sia

---

[9] Ruggero Eugeni, *La condizione postmediale*, Brescia, La Scuola, 2015, p. 7-11.

molto più lontana rispetto al vero linguaggio della macchina, ma è più vicina al linguaggio degli umani.

L'interfaccia grafica di Apple viene presto copiata da Microsoft con Windows, diventando lo standard dell'informatica personale. Accanto all'hardware, non si può ignorare l'importanza che il software applicativo gioca nella diffusione del personal computer. Programmi come Word, Excel e successivamente Powerpoint diventano irrinunciabili elementi della vita professionale e personale di ognuno. I computer si stanno diffondendo; ora il problema è come farli dialogare tra loro. A questo ci penserà Internet.

I musei e il computer

Il computer entra nei musei attraverso la gestione elettronica delle collezioni, l'ambito in cui i vantaggi della digitalizzazione appaiono più immediati. Prima dell'arrivo dei computer infatti i musei avevano archivi cartacei delle loro collezioni, archivi che rendevano di fatto impossibili alcuni tipi di ricerche. Se pensiamo ad esempio ai grandi musei naturalistici con migliaia di reperti come insetti, piante ecc., è del tutto evidente che effettuare ricerche come "tutti gli insetti di una data specie trovati in una data regione in certi anni" fosse praticamente impossibile perché avrebbe richiesto di leggere fisicamente moltissime schede cartacee. Questa invece è un'operazione che a un computer richiede pochi secondi.

La fine degli anni Sessanta è l'epoca in cui si verifica questa prima informatizzazione, quando alcuni grandi musei americani cominciano in modo sempre più strutturato a creare sistemi di catalogazione delle collezioni tramite computer. Questa rivoluzione tocca per primi i musei naturalistici, per due ragioni: da un lato per la presenza di collezioni molto più vaste, ingestibili con i metodi cartacei tradizionali, e dall'altro perché la mentalità scientifica e catalogatoria dei curatori di questi musei è naturalmente più portata alla standardizzazione e alla digitalizzazione.[10]

È importante sottolineare che per gestire digitalmente le collezioni, vale a dire per poter mettere in un database dati su tutti gli oggetti posseduti da un museo, è necessario innanzitutto costruire sistemi standard di catalogazione, uguali per tutti, che poi rendano facile l'inserimento nel database e la loro ricerca. *Digitalizzazione* e *standardizzazione* sono concetti che vanno sempre di pari passo: non si può pensare all'una senza ricadere nell'altra. Standardizzazione significa che ogni oggetto presente nel museo è accompagnato da una scheda catalogo che lo descrive con precisione utilizzando campi come "data di creazione", "autore", "materiali", "dimensioni", "data di acquisizione", "posizione nel museo"; campi che devono essere gli stessi per tutti gli oggetti presenti nel museo, dai quadri alle statue ai video.

Questa opera di standardizzazione è molto complessa e rischia di tralasciare dati importanti, perché cerca di ridurre la molteplicità della realtà a pochi aspetti, comportando inevitabilmente delle drastiche semplificazioni, che possono risultare evidenti non appena si tenta di standardizzare ad esempio la descrizione dei contenuti delle opere d'arte. Come descrivere i soggetti di un quadro astratto o semi-astratto? Come sempre nella tecnologia "nessun pasto è gratis", come si dice in inglese. In altre parole, i vantaggi della digitalizzazione sono ottenibili solo attraverso la semplificazione e la perdita di significati propria della standardizzazione.

Per quanto la prima ondata di digitalizzazione abbia riguardato principalmente la gestione digitale delle collezioni e sia rimasta sostanzialmente legata a questo ambito fino agli anni

---

[10] Ross Parry, *Recoding the Museum: Digital Heritage and the Technologies of Change*, New York-London, Routledge, 2007.

Novanta, i musei hanno cominciato a interrogarsi molto presto anche su altri ambiti di applicazione del computer.

Se guardiamo infatti il programma della prima conferenza su computer e musei di cui abbiamo traccia, tenuta al Metropolitan Museum di New York nel 1968, un anno prima della creazione di Arpanet, scopriamo che non si parlava solo di sof-

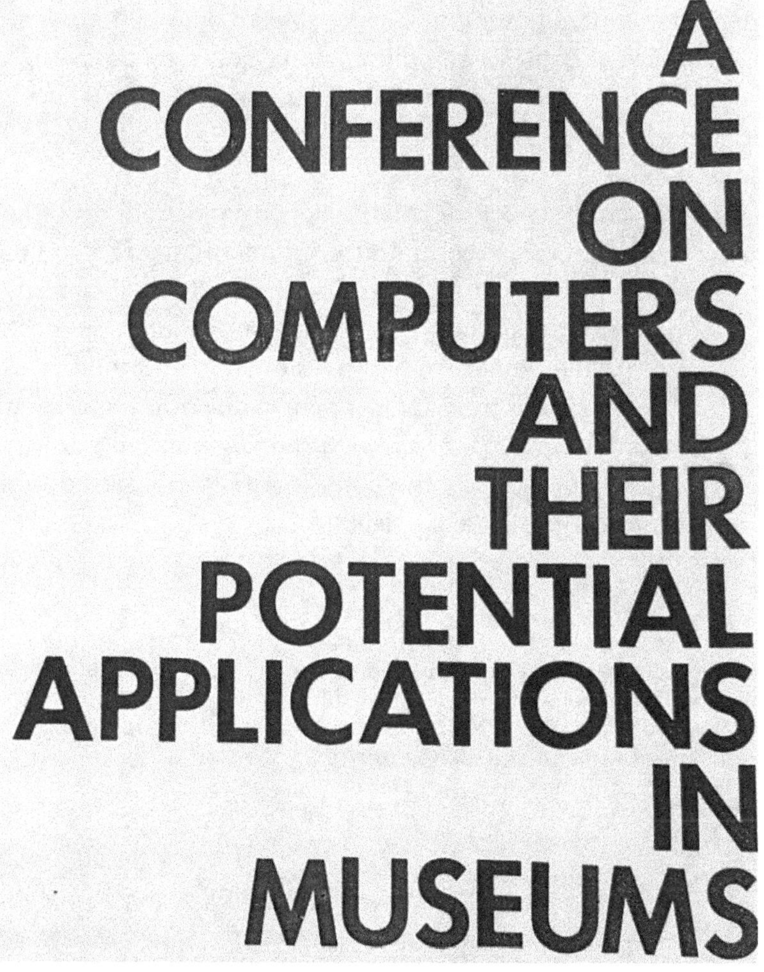

Figura 14 - Poster della prima conferenza su Musei e Computer
(dal sito Museum Computer Network)

tware di archiviazione, ma anche di educazione digitale, dell'uso della computer grafica nelle gallerie e di arte digitale.[11]

La progressiva diffusione del computer a partire dagli anni Settanta e Ottanta ha progressivamente investito anche i musei al di là della gestione delle collezioni, praticamente a tutti i livelli, dall'amministrazione al lavoro quotidiano di tutti i dipendenti tramite Internet e la posta elettronica, fino alla digitalizzazione del rapporto col pubblico. Ciò che qui conta è ricordare che questa digitalizzazione non sarebbe avvenuta senza la progressiva penetrazione dei computer nella società, a conferma che i musei sono comunque lo specchio dei loro tempi.

La presenza dei computer è una delle condizioni necessarie per l'immediatezza. I computer portano istantaneità, è nella loro natura: velocizzare le operazioni fino a non far percepire lo scorrere del tempo o la complessità sottostante alle nostre richieste. Al tempo stesso, paradossalmente, il computer aggiunge uno strato di mediazione: perché diventino immediate, le collezioni devono infatti prima essere digitalizzate.

Nel nostro mondo ciò che non è stato digitalizzato diventa irreperibile, ed ipso facto inesistente.

RIFLETTI

Prova a elencare tutti i computer presenti all'interno di un museo, sia negli uffici che nelle gallerie. Qual è la loro funzione? Potrebbero essere usati in modo più efficace? Potrebbero essere integrati tra loro? Cosa succederebbe se smettessero di funzionare?

---

[11] *Computers and their potential applications in museums: a conference sponsored by the Metropolitan Museum of Art,* April 15, 16, 17, 1968 - Metropolitan Museum of Art. Scaricabile dal sito del Metropolitan Museum of Art.

INTERNET OF THINGS (1982)

Nel 1982 quattro studenti della Carnegie Mellon University connettono una macchinetta distributrice di Coca-Cola al server centrale dell'università, a sua volta collegato ad Arpanet, in modo da poter sapere dai loro uffici se le lattine sono presenti e fredde senza doverlo andare a scoprire di persona.[1]

Senza saperlo, quei quattro studenti creano il primo caso di Internet of Things (IoT), l'Internet delle Cose, anche se in quell'anno sarebbe stato più corretto chiamarla Arpanet of Things. Da quel momento infatti persone in tutto il mondo possono monitorare in remoto lo stato delle lattine alla Carnegie Mellon University; e se ovviamente in questo caso l'utilità di conoscere la temperatura di una lattina a migliaia di chilometri di distanza è limitata (anche se gli autori hanno riportato di aver ricevuto e-mail entusiastiche da utenti internazionali per il loro software), le applicazioni di questo concetto sono potenzialmente infinite.

L'Internet of Things è caratterizzata dalla presenza di oggetti in grado di trasferire dati su Internet senza intervento umano. Esattamente quello che faceva la macchinetta della Coca-Cola: ogni pochi secondi inviava automaticamente in rete dati relativi allo stato delle sue lattine.

Se si sostituisce alla macchinetta della Coca-Cola un semaforo che invia dati sul traffico, un rilevatore di inquinamento che trasmette lo stato dell'aria e telecamere che monitorano la velocità dei veicoli, possiamo costruire un sistema di gestione del traffico automobilistico molto sofisticato, in grado ad esempio di accelerare o rallentare il flusso dei veicoli modificando

---

[1] Cfr. http://www.cs.cmu.edu/~coke.

istantaneamente la durata dei semafori. L'integrazione tra loro di molteplici sistemi di controllo va a costituire la *smart city*, la "città intelligente", che si adatta in tempo reale alle condizioni ambientali grazie alle proprie reti di oggetti interconnessi.

Perché ciò avvenga, però, è indispensabile che si sviluppino:
1) oggetti "intelligenti" in grado di connettersi alla rete per trasmettere e ricevere dati;
2) una rete ubiqua e affidabile, in grado di comunicare i dati prodotti dagli oggetti;
3) software centrali in grado di gestire efficacemente l'enorme mole di dati prodotti.

Questo è il motivo per cui l'IoT ha impiegato molti anni da quel lontano 1982 per svilupparsi efficacemente. Fino alla fine degli anni Novanta, infatti, la rete è troppo "debole" per supportare uno sviluppo ottimale delle connessioni di miliardi di oggetti necessari per creare una vera "Internet delle Cose"; di fatto non esiste neanche il concetto. Man mano che la rete diventa più ampia e potente, e il digitale sempre più miniaturizzato, si avvicina il momento in cui si può cominciare a immaginare un pianeta elettronico in termini non più fantascientifici.

Nel 1999 Kevin Ashton, executive director degli Auto-ID Labs al MIT, usa per la prima volta l'espressione "Internet of Things" in una presentazione per la Procter & Gamble. In questa presentazione Ashton entusiasma gli ascoltatori prefigurando un mondo di oggetti interconnessi via Internet. Ecco come Kevin Ashton stesso descrive l'Internet of Things in un'intervista del 2015:

Durante il ventesimo secolo i computer erano cervelli privi di apparato sensoriale - sapevano solo ciò che gli veniva detto. Questa era una forte limitazione: ci sono miliardi di volte più informazioni nel mondo rispetto a quelle che possono essere inserite nel computer tramite una tastiera o un codice a barre. Nel Ventunesimo secolo, grazie all'Internet of Things, i computer possono scoprire le cose da soli.[2]

Nel 2000 LG, sull'onda dell'entusiasmo per l'IoT, prova a lanciare l'Internet Digital DIOS, un frigorifero connesso a Internet.

Il frigorifero ha però scarso successo, sia per il prezzo elevato, sia perché in un mondo ancora poco interconnesso non c'è una vera ragione per un elettrodomestico di questo tipo, confermando l'antica verità che nessuna tecnologia può avere successo se la società non è pronta a riceverla.

Ciò che fa davvero la differenza, negli anni successivi, è la parallela diffusione delle connessioni *wireless* e degli smartphone. La società diventa quindi "digital-friendly", aprendo la strada a riscaldamenti e antifurto comandati via app, elettrodomestici in grado di mandare allarmi in caso di malfunzionamento ecc.

Tra il 2008 e il 2009 gli oggetti connessi a Internet (principalmente smartphone) superano il numero delle persone: nasce la vera Internet of Things.[3]

Oggi l'Internet of Things è una realtà in diversi settori, grazie soprattutto alla tecnologia RFID o NFC (un sottoinsieme delle RFID) che sostanzialmente sono dei microcircuiti in grado di ricevere e inviare informazioni digitali in modo contactless. Non andremo nel dettaglio del loro funzionamento, né delle differenze esatte tra NFC e RFID. Ci basti sapere che

[2] "In the twentieth century, computers were brains without senses—they only knew what we told them. That was a huge limitation: there is many billion times more information in the world than people could possibly type in through a keyboard or scan with a barcode. In the twenty-first century, because of the Internet of Things, computers can sense things for themselves" (https://www.smithsonianmag.com/innovation/kevin-ashton-describes-the-internet-of-things-180953749).

[3] Dave Evans, *The Internet of Things. How the Next Evolution of the Internet Is Changing Everything*, Cisco Internet Business Solutions Group, 2011, https://www.cisco.com/c/dam/en_us/about/ac79/docs/innov/IoT_IBSG_0411FINAL.pdf.

tramite questa tecnologia noi possiamo far sì che un oggetto inanimato faccia "conoscere" la propria posizione e la propria identità ad un computer esterno, ad esempio uno smartphone con NFC attivato.

Alcuni esempi di utilizzi attuali della tecnologia RFID/NFC si trovano:

- nella logistica, per trovare e riconoscere un pacco in un magazzino;
- nella sicurezza, per far aprire una porta o garantire un accesso a una persona dotata di una determinata card;
- nel commercio, per permettere il pagamento *contactless* agli smartphone via NFC e alle carte di credito tramite RFID.

Il numero di utilizzi è in costante aumento; l'IoT, specie se unita all'intelligenza artificiale, rappresenta oggi una delle frontiere più dinamiche della digitalizzazione.

Musei e Internet of Things

Al momento la modalità in cui l'Internet of Things sembra essere attuata in modo più ampio nei musei è attraverso la *tecnologia beacon*. I *beacon* sono piccoli trasmettitori a basso consumo che segnalano costantemente la propria posizione in un raggio di pochi metri, permettendo ad esempio di mostrare una notifica sullo smartphone ogni volta che ci si avvicina ad uno di essi. È una tecnologia che permette una localizzazione degli smartphone molto più precisa rispetto al GPS, soprattutto in ambienti chiusi come i musei.

L'applicazione più classica è con le audioguide: un'audioguida basata su beacon è in grado di far partire l'audio corrispondente a un quadro nel momento in cui ci si avvicina a quel quadro, senza che l'utente debba fare nulla. Diverse audioguide oggi funzionano basandosi su questo principio, anche se a volte la localizzazione non risulta troppo precisa e spesso si preferisce puntare su metodi più vecchi e sicuri, come l'inquadramento di un QR code.

Vi sono stati alcuni usi molto creativi della tecnologia beacon. Ad esempio, il New Museum di New York per la giornata internazionale contro le mine ha trasformato i beacon in "mine virtuali": se l'utente si avvicinava troppo innescava un forte suono di esplosione sul proprio smartphone e la testimonianza di una vittima di una vera esplosione.[4]

Limitare l'universo dell'IoT ai beacon è però fortemente riduttivo. La creazione di un ambiente completamente digitale, in cui l'utente può interagire con tutto ciò che lo circonda, permette di creare in modo invisibile un'esperienza totalmente personalizzata, un ambiente "liquido" e mutevole in grado di adattarsi ai desideri di ogni utente e al tempo stesso di ottimizzare al massimo le risorse. Per rendersi conto di tutto questo è sufficiente fare riferimento al mondo dei parchi a tema.

Figura 15 - Esempio di IoT nei parchi a tema Disney
(fonte: Disney Press Kit)

---

4   https://dunter.com/beacons-musei.

Gli ospiti di Disney World, ad esempio, possono usare un braccialetto di plastica, chiamato Magic Band, che comunica tramite RFID con migliaia di sensori sparsi per tutto il parco, e ha molteplici funzioni: chiave della camera dell'hotel, sistema di pagamento, biglietto per le attrazioni ecc. In questo modo la Disney conosce in tempo reale quali attrazioni sono più affollate, quando rifare le stanze degli hotel, quando mandare più staff nei ristoranti, e così via. Insomma, un parco Disney è un gigantesco computer nutrito dai dati in tempo reale degli utenti, che si adatta ai loro comportamenti per rendere l'esperienza quanto più possibile piacevole e soprattutto *frictionless*, scorrevole. La ricerca Disney ora sta puntando a integrare questo sistema con la visione artificiale e l'intelligenza artificiale in modo da poter anche valutare in ogni secondo il grado di soddisfazione dei visitatori e agire di conseguenza.

Senza poter raggiungere i livelli di sofisticazione della Disney, è possibile prefigurare in futuro uno *smart museum* in grado di adattarsi al visitatore, tenendo traccia dei suoi comportamenti. Il caso più celebre ad oggi è stato quello del Cooper Hewitt Museum di New York, un museo del design che nel 2014 è stato completamente ristrutturato con una grande attenzione all'aspetto digitale.

Il Cooper Hewitt ha costruito un complesso sistema di gestione digitale delle collezioni, il cui cuore è una "penna interattiva" con tecnologia RFID, concettualmente simile al Magic Band della Disney. La penna serve per interagire con gli *exhibit* e per tenere traccia di come i visitatori esplorano il museo. Rispetto al Magic Band, la penna ha anche due altre funzioni importanti: una "creativa" (permette ad esempio di disegnare degli oggetti o delle tappezzerie su determinati *touchscreen*) e una "di memorizzazione"; la penna infatti permette di salvare informazioni su alcuni *exhibit* in un'area personalizzata del sito web del museo a cui l'utente può accedere una volta a casa sia per recuperare le sue creazioni, sia per rivedere gli oggetti che ha "salvato" durante la visita al museo.[5]

Anche se varrebbe la pena di approfondire quanto la "penna" del Cooper Hewitt abbia avuto successo nel suo insieme (ad esempio analizzando i dati di quante persone effettivamente si loggano sul sito dopo la visita), è certo che rendere i visitatori tracciabili in modo da personalizzare la visita e al tempo stesso raccogliere dati sull'uso del museo è un trend importante. Che sia una penna come nel Cooper-Hewitt, un braccialetto come per la Disney, un biglietto del museo intelligente o lo smartphone del visitatore con una app, è sicuro che la strada sia ormai tracciata verso un museo sempre più intelligente e "liquido", per dirla con Zygmunt Bauman, un museo in grado di adattarsi ai suoi visitatori, allo stesso modo in cui tutta la società digitale si adatta ogni secondo ai suoi consumatori. Ovviamente per un museo è però centrale il tema della privacy, e per questo il collegamento tra i dati su ciò che si è visto al museo, quando e con chi, vanno rigorosamente disgiunti da quelli personali del visitatore.[6]

Anche in questo caso vediamo come l'immediatezza (dalle audioguide che lanciano automaticamente le descrizioni corrispondenti alle vetrine di fronte a cui ci troviamo, alla penna che ci fa interagire fisicamente con gli *exhibit*) passi attraverso la

---

[5] Cfr. Sebastian Chan, Aaron Cope, *Strategies against architecture: interactive media and transformative technology at Cooper Hewitt*, "Curator", 58 (2015), 3, p. 352-368, https://mw2015.museumsandtheweb.com/paper/strategies-against-architecture-interactive-media-and-transformative-technology-at-cooper-hewitt/index.html, e Sebastian Chan, Lucie Paterson, *End-to-end Experience Design: Lessons For All from the NFC-Enhanced Lost Map of Wonderland*, "MW 19", January 20, 2019, https://mw19.mwconf.org/paper/end-to-end-experience-design-lessons-for-all-from-the-nfc-enhanced-lost-map-of-wonderland%e2%80%8a-2.

[6] Stefania Boiano, Giuliano Gaia, *Il museo liquido,* da "Museo In-Forma, rivista del Sistema Museale di Ravenna, Speciale Musei nell'era della mobilità digitale", n. 55 (2016), p. 9, https://www.musei-it.com/il-museo-liquido-di-stefania-boiano-e-giuliano-gaia.

mediazione degli oggetti digitali: è un paradosso che abbiamo imparato a conoscere e vedremo sempre più spesso.

Troppo spesso i progetti legati all'IoT, in particolare alle *smart city*, ma anche agli *smart museum*, fanno riferimento alla costruzione di complicate infrastrutture digitali, molto complesse e costose. La verità è che, grazie agli smartphone, le città sono già diventate "smart"; le mappe di Google che riportano il traffico in tempo reale ne rappresentano un tipico esempio. Sia a livello di città che di musei quindi si potrebbe adottare un approccio "minimal" che parta dalla *smart audience*, vale a dire dagli utenti digitalizzati e dalle infrastrutture create automaticamente dalle app che li collegano, per prototipare servizi *smart* in attesa della costruzione di infrastrutture hardware più complesse.

RIFLETTI

Il tuo museo ha già elementi di IoT al proprio interno? Come potrebbero essere integrati tra loro? E come potrebbero essere sfruttati per rendere la visita più interessante e personalizzata? Pensa anche ai vostri visitatori: entrano tutti al museo con almeno un oggetto IoT addosso (lo smartphone). Come si potrebbe proporre un'esperienza integrata?

L'INVENZIONE DEL CYBERSPAZIO (1983-1984)

Nei primi anni Ottanta la rete comincia a svilupparsi sempre più rapidamente, grazie ad alcuni passaggi fondamentali: nel 1983 il protocollo TCP/IP per la comunicazione di Arpanet diventa il protocollo standard per mettere in comunicazione tra di loro reti diverse. Senza scendere in tecnicismi, questo significa che Arpanet, nata come una rete singola, può trasformarsi in *Internet*, cioè una "rete di reti" (*Inter-net*) in grado di comunicare tra loro grazie al protocollo comune TCP/IP, parlando cioè la stessa "lingua".

Nel 1983 la rete militare USA si stacca definitivamente da Internet e diventa *Milnet*, una rete separata, protetta e inaccessibile. Questo libera Internet dall'ipoteca militare delle origini, e le permette di diffondersi in tutto il mondo con minori preoccupazioni di sicurezza e chiusura, privilegiando invece l'apertura e la condivisione tipiche del mondo civile, commerciale e della ricerca scientifica. Nel 1984 infatti Internet supera i 1.000 nodi; sono passati soltanto 15 anni dai primi 4 nodi di Arpanet.

L'evoluzione della rete non è però soltanto evoluzione tecnologica, ma è anche evoluzione concettuale e dell'immaginario. Nel 1984 William Gibson pubblica *Neuromante*, il romanzo capostipite della letteratura Cyberpunk, in cui si trova la prima definizione della rete come "luogo", il *cyberspazio*.

> Cyberspazio: un'allucinazione vissuta consensualmente ogni giorno da miliardi di operatori legali, in ogni nazione [...]
> Una rappresentazione grafica di dati ricavati dai banchi di ogni computer del sistema umano.

Impensabile complessità. Linee di luce allineate nel non-spazio della mente, ammassi e costellazioni di dati. Come le luci di una città, che si allontanano…[1]

La definizione della rete come luogo dove i dati assumono una consistenza fisica, quasi fossero grattacieli, sarà importante per definire l'immaginario collettivo e far assurgere gli abitanti del cyberspazio, gli *hacker*, ad una dimensione quasi mistica.[2] Come capita solo alla migliore fantascienza, *Neuromante* anticipa diversi dei temi oggi all'ordine del giorno, come la sicurezza informatica, lo strapotere delle multinazionali nel controllo dei dati e i confini sempre più labili tra naturale e artificiale, sia a livello fisico che mentale.

I musei e il cyberspazio

Esistono due modi per i musei di affrontare il concetto di cyberspazio come dimensione indipendente dalla realtà fisica, per quanto con questa interconnessa:

1) *fare del cyberspazio un oggetto da studiare*, con mostre sulla sua storia o su determinati aspetti che lo caratterizzano; ad esempio la Whitechapel Gallery a Londra ha realizzato una interessante mostra sulla Net Art, mentre il Centro di Cultura Contemporanea di Barcellona in collaborazione con la Somerset House di Londra ha organizzato la mostra "Big Bang Data" su vari aspetti del cyberspazio, dalle preoccupazioni di privacy all'aspetto fisico delle tecnologie virtuali (centri dati, cavi sottomarini ecc.);[3]

---

[1] William Gibson, *Neuromante*, Milano, Nord, 1986.

[2] Bruce Sterling, *Prefazione* a *Mirrorshades*, in *Cyberpunk. Antologia di testi politici*, a cura di Raf Valvola Scelsi, Milano, Shake Edizioni Underground, 1990, p. 39.

[3] http://bigbangdata.somersethouse.org.uk.

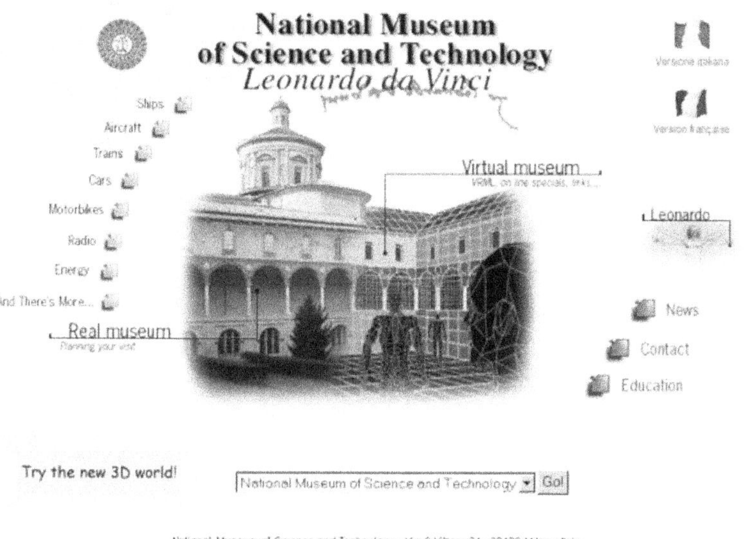

Figura 16 - Home page del sito del Museo della Scienza
e della Tecnologia nel 2000

2) *aprire un "porto virtuale" nel Cyberspazio* in cui offrire agli abitanti digitali di questo universo informazioni specificamente pensate per loro, indipendenti dal museo reale. Ad esempio dal 1998 al 2003 il sito del Museo della Scienza e della Tecnologia di Milano, in quel momento curato dall'autore di questo libro, offriva un'intera sezione "museo virtuale" composta di mostre virtuali e progetti nati esclusivamente per fornire informazioni ed esperienze ai visitatori digitali. Il sito già nella home page dichiarava in modo esplicito che il museo virtuale era una parte integrante del museo, quasi un'ala in se stessa, con le sue mostre e i suoi visitatori. Questo approccio secondo noi ha mantenuto una sua validità anche oggi, in cui il cyberspazio si è frazionato in più sfere interconnesse tra loro: il web, i social, Google Maps, la realtà virtuale

e i videogame. Pensare a queste dimensioni come a una sfera autonoma d'azione permette di proiettare la *mission* del museo anche al di là del bacino ristretto della propria utenza fisica, senza limiti di tipo territoriale.

Infine, vale la pena di fare una riflessione sull'aspetto *poetico* dell'agire museale, intendendo poetico nel senso greco non solo di letteratura ma anche di "produzione" (*poiesis*). Troppo spesso infatti le ristrettezze e gli impegni del quotidiano impediscono allo staff museale di interrogarsi su quale sia la propria *missione poetica* nel mondo. Eppure William Gibson dimostra come un'intuizione letteraria abbia avuto un'importanza fondamentale nel definire un intero approccio alle reti, e abbia giocato un ruolo importante nell'autopercezione di almeno una parte dei suoi abitanti, gli *hacker*.

Ecco che sul finire di questo capitolo intendiamo invitare chiunque abbia a che fare con i musei per lavoro o passione a interrogarsi profondamente su quale sia il "ruolo poetico" del museo, e ad esprimerlo con una metafora. Il museo sarà un porto tranquillo in un mare in tempesta? Un bar pieno di fumo, conversazioni filosofiche e troppo vino come un caffè della Parigi anni Venti? O un palazzo dal "fasto sbrecciato" e l'atmosfera rarefatta come nel *Gattopardo*? O un'astronave lanciata nello spazio?

RIFLETTI

In che modo il tuo museo intende e affronta il cyberspazio? Esiste una riflessione tematica in questo senso? E più in generale, come il tuo museo intende la propria missione poetica nel mondo? E tu personalmente?

Se da un lato William Gibson con *Neuromante* introduce il cyberspazio nell'immaginario collettivo, dall'altro una serie di ricerche tentano di rendere questa nuova dimensione digitale esperibile con i nostri sensi. I punti di partenza sono diversi, dai simulatori di volo per astronauti della NASA alle applicazioni di videogame, ma l'obiettivo finale è uno solo: ingannare i nostri sensi fino a farci percepire la realtà digitale quasi come fosse la realtà effettiva e trasportarci in un nuovo mondo. È la realtà virtuale.

Il concetto alla base della realtà virtuale, l'inganno dei sensi per permettere l'immersione in un mondo nuovo, è molto an-

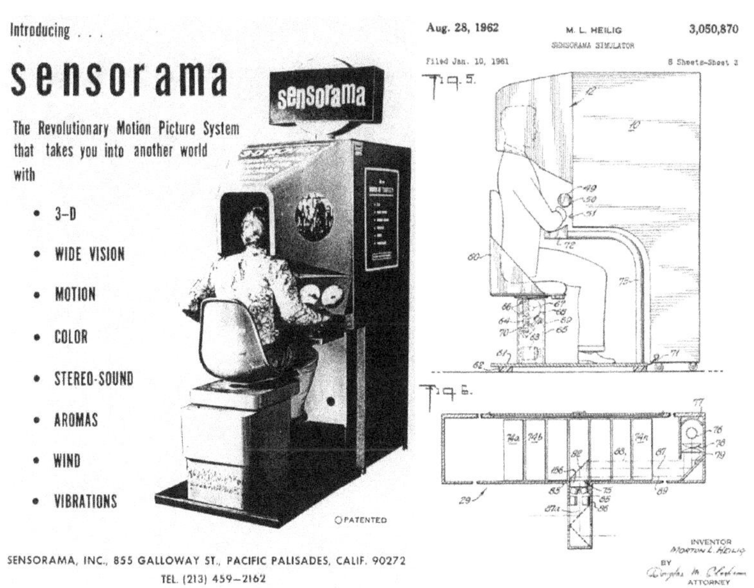

Figura 17 - Il Sensorama del 1960, prototipo del 1956 di cinema immersivo ad opera di Morton Heilig. Volantino pubblicitario e schema dal brevetto

tico; lo si potrebbe far risalire al teatro, o addirittura alle avvolgenti pitture rupestri delle Grotte di Lascaux, di oltre 13.000 anni fa.

Lo sviluppo tecnologico ha però dato nuova linfa a questo antico sogno. Il cinema ha spesso cercato nuove forme immersive, dai cinema in 3D con occhialini degli anni Cinquanta fino al "Sensorama", un ingegnoso prototipo di cinema multisensoriale che sfruttava suono stereoscopico, odori, vento e movimento, che però non raggiunse mai la maturità commerciale.

Un altro esperimento degno di nota è la cosiddetta "Spada di Damocle" di Ivan Sutherland,[4] un visore analogico a 360° antenato degli odierni visori in realtà virtuale, talmente pesante da dover essere appeso al soffitto per non schiacciare l'utente (cosa che purtroppo avvenne con un sistema simile usato dai militari USA – anche la realtà virtuale ha le sue tragedie).

È il digitale ad aggiungere alla realtà virtuale la possibilità più importante: l'interattività. Solo uno spazio che reagisce al movimento della nostra testa, delle nostre mani, del nostro corpo può dirsi davvero realistico. Tra i pionieri della realtà virtuale digitale, il più significativo da ricordare qui è Jaron Lanier.

Figura 18 - La spada di Damocle di Ivan Sutherland, da *Sutherland* (1968)

[4] Ivan Sutherland, *A head-mounted three dimensional display*, AFIPS '68 (Fall, part I): Proceedings of the December 9-11, 1968, fall joint computer conference, part I, December 1968, p. 757-764, https://doi.org/10.1145/1476589.1476686.

Figura 19 - Jaron Lanier con guanti e visori per realtà virtuale
negli uffici della VPL (foto di K. Kelly)

Jaron Lanier è il perfetto prototipo del visionario della prima generazione della Silicon Valley. Bambino prodigio (si iscrive all'università a 13 anni) dall'infanzia solitaria, appassionato di arte e musica, fin da piccolo è ossessionato dai quadri di Hieronymus Bosch: quelle tele così vive, popolate di centinaia di figure umane e fantastiche intente nelle più varie attività, sono mondi nei quali sogna di entrare. Il computer gliene darà l'occasione. Nel 1984 fonda la VPL, la prima azienda dedicata alla realizzazione commerciale della realtà virtuale digitale, ottenuta unificando precedenti invenzioni come il casco per la visione immersiva progettato da Ivan Sutherland e il guanto per manipolare i dati sviluppato da Thomas Zimmerman (suo socio in VPL).

L'obiettivo di Lanier è fornire all'utente "l'esperienza totale" di una realtà alternativa. L'immersione in questa realtà sarebbe avvenuta tramite occhiali VR detti Eyephone (da non confondersi con l'iPhone), in grado di offrire una visione a 360 gradi e suono spazializzato, e tramite i data glove, guanti in grado di manipolare oggetti virtuali restituendo un feedback fisico.

L'azienda fallisce in pochi anni, ma nel frattempo Lanier riesce a colpire l'immaginario mondiale con il concetto di realtà virtuale, una realtà alternativa in cui immergersi con i sensi grazie ad apparecchiature speciali. Jaron Lanier è una figura a metà tra un programmatore informatico, un artista, un filosofo, un imprenditore e un hippie; è interessante notare come queste figure cerchino di saldare il lato umanistico e artistico con quello tecnologico, come avveniva nel Rinascimento, e infatti Lanier ama definirsi "un uomo del Rinascimento per il 21° secolo".

La realtà virtuale conosce una fase di clamore mediatico all'inizio degli anni Novanta, quando le grandi aziende di videogame puntano ad essa come nuova frontiera dell'intrattenimento digitale, annunciando prototipi su prototipi, destinati, secondo il marketing, a rivoluzionare l'esperienza videoludica.

In realtà la tecnologia è ancora immatura, tanto che l'unico prototipo che riesce a diventare un prodotto commerciale, il Nintendo Virtual Boy del 1995, è un insuccesso clamoroso, al punto da essere ritirato dal mercato dopo appena un anno.

Il fallimento della realtà virtuale degli anni Novanta è tale da far sparire la tecnologia dall'interesse dei media e delle grandi aziende per circa 15 anni.

Nel 2012 un programmatore di appena 20 anni, Palmer Luckey, lancia sulla piattaforma di crowdfunding Kickstarter la richiesta di finanziare un innovativo visore VR per videogame che sta sviluppando, l'Oculus Rift. Il crowdfunding[5] ha un successo clamoroso e raccoglie oltre 2 milioni di dollari.

È interessante notare come la figura del "rilanciatore" della realtà virtuale, Palmer Luckey, sia radicalmente diversa da quella del suo originario creatore, Jaron Lanier. Tanto quanto

[5] Il crowdfunding è ancora visibile su https://www.kickstarter.com/projects/1523379957/oculus-rift-step-into-the-game.

Lanier era visionario, intellettuale e spiritualista, Luckey è imprenditoriale e apparentemente disinteressato agli aspetti etici del suo lavoro, al punto da lasciare la Oculus nel 2016 per fondare una nuova azienda, la Anduril, specializzata nello sviluppo di tecnologie per il settore militare USA, cosa che sarebbe stata un anatema per Lanier (uno dei pochi progetti noti della Anduril è un sistema per catturare immigrati illegali al confine col Messico).

L'Oculus Rift comunque si dimostra all'altezza delle aspettative, al punto che nel 2014 Facebook compra la Oculus per una cifra vicina ai 3 miliardi di dollari. Lo stesso anno Sega annuncia un visore VR per la Playstation e Google lancia i Google Cardboard, un sistema a basso costo che con pochi euro trasforma lo smartphone in una piccola, rudimentale stazione di realtà virtuale.

La corsa alla realtà virtuale è ricominciata, anche se per il momento continua a restare un mercato di nicchia, dato che i visori non sono ancora all'altezza di offrire un'esperienza utente davvero piacevole.

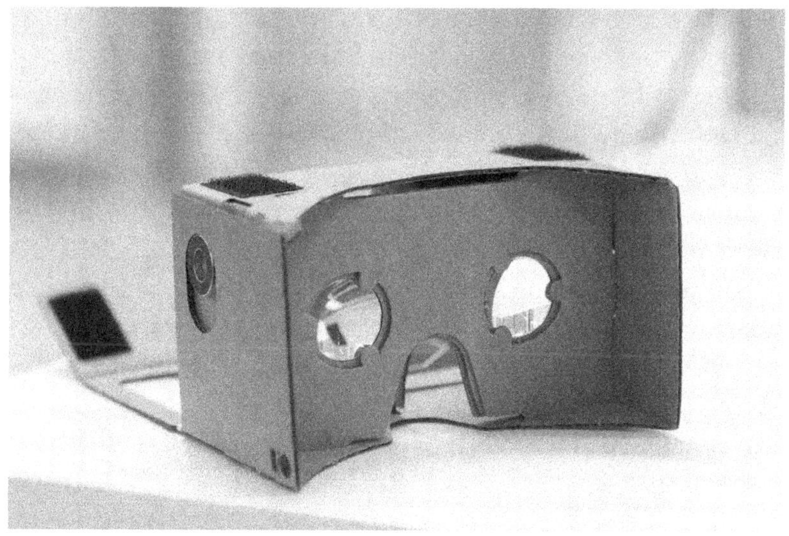

Figura 20 - I Google Cardboard

La via al futuro sembra però tracciata, e va verso quell'integrazione di sensi che era l'idea originale di Lanier. Si comincia addirittura a parlare di Internet of Senses, Internet dei sensi, in cui tutti i nostri cinque sensi potranno essere stimolati digitalmente all'interno di mondi virtuali interconnessi. Se per vista e udito possiamo esserne abbastanza sicuri, tatto e soprattutto gusto e olfatto sembrano ancora lontani da una virtualizzazione totale, anche se l'evoluzione digitale è talmente rapida da non poter escludere sorprese in questo senso. [6]

I musei e la realtà virtuale

La realtà virtuale, come l'intelligenza artificiale, è una di quelle tecnologie condannate dall'essere troppo concettualmente affascinanti per essere guardate con realismo. È inevitabile infatti che qualunque cosa prometta di creare una realtà alternativa scateni aspettative molto alte e delusioni altrettanto cocenti.

Questo meccanismo ha determinato il bruciante fallimento della prima ondata di realtà virtuale degli anni Novanta, unitamente ad una tecnologia decisamente immatura.

Oggi la tecnologia è più avanzata, ma la realtà virtuale continua a soffrire di un grande problema: quale sarà la sua *killer application*? In altre parole, a cosa serve davvero? Se non si trova una risposta convincente a questa domanda, la realtà virtuale andrà incontro a nuove, pesanti delusioni.

Cominciamo quindi a fare un po' di chiarezza, distinguendo innanzitutto tra realtà virtuale propriamente detta, caratterizzata dalla creazione di ambienti sintetici generati completamente al computer, e video a 360° ripresi tramite speciali videocamere. Anche se entrambe le esperienze vengono vissute

---

[6] Dimitrios Panagiotakopoulos et al., *Digital Scent Technology: Toward the Internet of Senses and the Metaverse*, "IT Professional", 24 (2022), 3, p. 52-59, doi: 10.1109/MITP.2022.3177292.

dall'utente tramite gli stessi visori di realtà virtuale, solo la prima è veramente "virtuale", mentre i video a 360° sono più legati ad un concetto di cinema immersivo. Per i musei in genere risulta più interessante la prima, perché legata alla ricostruzione di mondi impossibili, come quelli del passato.

Resta però la grande domanda, a cui accennavamo prima, e che anche i musei devono affrontare prima di imbarcarsi in avventure di realtà virtuale: a cosa può servire *davvero*?

La realtà virtuale, infatti, ha oggi per un museo alcune notevoli controindicazioni, quali il costo elevato, sia per i visori che per lo sviluppo dei contenuti, e la fruizione singola della postazione che fa sì che si creino problemi di attese, igienizzazione tra un utilizzo e l'altro, manutenzione, tempistica dell'esperienza utente e vigilanza.

Infine, alcuni utenti riportano ancora problemi di nausea dopo l'utilizzo, e in generale un uso prolungato risulta faticoso.

A fronte di queste problematiche, la domanda è: in cosa la realtà virtuale può creare un'esperienza davvero nuova e insostituibile?

Leggendo il bel libro di Jaron Lanier *Dawn of the New Everything. A Journey Through Virtual Reality*, ci si rende conto che l'attuale tendenza a ridurre la realtà virtuale alla ricostruzione di ambienti immersivi e al gaming rappresenta una forte riduzione delle sue possibilità.

La realtà virtuale sviluppa appieno il proprio potenziale nel momento in cui permette a esseri umani di incontrarsi in una realtà "altra". Per questo una realtà virtuale solipsistica in cui ci si immerge da soli per pochi minuti e ci si guarda intorno in un ambiente chiaramente artificiale che non reagisce ai nostri stimoli risulta, secondo Lanier, molto poco interessante. Non a caso lo stesso Mark Zuckerberg ha preconizzato il futuro "metaverso" come realtà virtuale condivisa tra più utenti.

Secondo Lanier un mondo virtuale per essere davvero soddisfacente dovrebbe essere:

- *esplorabile* (molti sistemi invece bloccano l'utente in un unico punto di vista);
- *reattivo* agli stimoli dell'utente;
- *popolato* di altri esseri umani (veri, non artificiali) con i quali interagire;
- *modificabile* per poter lasciare una traccia del proprio passaggio;
- il più possibile *multisensoriale*, in grado quindi di offrire non solo visione immersiva, ma anche sensazioni tattili, di caldo e freddo, olfattive, ecc. in modo da dare un'esperienza più complessa ai nostri sensi;
- *diverso*, per allargare i confini della nostra comprensione della realtà, ad esempio con creature fantastiche, modifiche alle leggi della fisica, ecc.;
- *magico*, sia nel senso di luogo i cui abitanti (noi compresi) godono di poteri nuovi e speciali, sia nel senso di meraviglioso, in grado di suscitare emozioni profonde e non solo "effetto Wow!".

Ora, le limitate esperienze di realtà virtuale viste finora nei musei non sembrano avere quasi nessuna di queste caratteristiche, limitandosi ad essere normalmente brevi esplorazioni a 360° di ambienti ricostruiti. Anche la celebrata ricostruzione in 3D dello studio dell'artista Modigliani da parte della Tate Modern Gallery di Londra nel 2018 si risolveva semplicemente in una limitata immersione 3D nello studio dell'artista, con pochissime possibilità di esplorazione e di reazione dell'ambiente, e nessuna interazione con gli altri visitatori.

Al momento quindi sembrano esserci ancora due grandi limitazioni ad un vero utilizzo della realtà virtuale:

1) hardware e software, per quanto molto migliorati, non sono ancora in grado di offrire un'esperienza davvero soddisfacente e alla portata di sviluppo di un museo;

2) l'immaginazione degli autori non sembra avere ancora esplorato fino in fondo le potenzialità della realtà virtuale, che potrebbe in futuro succedere al cinema come "opera d'arte totale", per usare la celebre definizione dannunziana.

In questa situazione fluida e ancora largamente incompiuta, i musei probabilmente possono soltanto osservare, tenendo d'occhio quattro grandi aree:

* *l'industria del videogame*, che oltre ad essere la punta di diamante tecnologica, sembra la più pronta a sviluppare una vera realtà virtuale collaborativa, vista l'importanza economica dei grandi giochi multiplayer online. Inoltre i piccoli sviluppatori indipendenti di videogame, non appena dotati di adeguate tecnologie e sistemi di sviluppo, sono spesso in grado di realizzare applicazioni nuove e sorprendenti in grado di ispirare interessanti applicazioni museali. Un'altra industria molto interessante potrebbe essere quella delle teleconferenze;

* gli *artisti contemporanei*, dai giovani ai più affermati come Björk e Iñárritu, stanno cominciando a esplorare in modo sistematico il campo della realtà virtuale, e sono già in grado di offrire direzioni interessanti di ricerca;

* i musei devono restare in contatto con quei campi in cui la realtà virtuale è oramai una realtà consolidata, come la *telechirurgia* e il training specialistico, ad esempio nei *simulatori di volo*. In queste aree la tecnologia e gli utilizzi sono maturi, e quindi potrebbe essere più semplice immaginare una trasmigrazione di modelli già funzionanti verso applicazioni culturali;

* infine va tenuta d'occhio l'*intersezione tra realtà virtuale e realtà aumentata*, aperta da strumenti come l'HTC Vive e oggi portata avanti soprattutto dalla Apple con il Vision Pro (vedi capitolo sulla realtà aumentata), che tenta

di "leggere" l'ambiente reale circostante e trasformarlo in un ambiente digitale, confondendo quindi la distinzione tra mondi reali e mondi sintetici. La possibilità di passare dal livello reale al livello virtuale a comando sembra una delle direzioni più interessanti al momento, al punto che si parla oramai di strumenti di Extended Reality (XR), che estendono la realtà verso nuove forme.

Solo osservando attentamente queste aree di sviluppo i musei saranno in grado di progettare e realizzare applicazioni davvero culturalmente significative, evitando sprechi di risorse e conservando anche un occhio giustamente (e consapevolmente) critico su una tecnologia i cui potenziali effetti dirompenti sfidano in particolar modo gli intellettuali.

Anche questa tecnologia va infine inserita nel contesto di un coinvolgimento dell'utente sempre più immediato nei contenuti museali. L'esperienza immersiva e multisensoriale infatti supera la mediazione della ragione per suggerire un viaggio "fisico" nella realtà sintetica, in cui si amplia grandemente la larghezza di banda della comunicazione. In altre parole, la ricostruzione di una città romana popolata di cittadini in grado di interagire con noi può permettere la rapida comprensione di una gamma molto più ampia di aspetti rispetto alla semplice descrizione testuale o con immagini, e richiede al tempo stesso una maggiore attenzione scientifica da parte dei realizzatori data la grande quantità di errori in cui si può cadere. Si va insomma in una direzione nella quale fisico e digitale sono sempre più mescolate, un vero e proprio "museo phygital".[7]

---

[7] Sandro Debono, *Thinking Phygital: A Museological Framework of Predictive Futures*, "Museum International", 73 (2021), 3-4, p. 156-167, https://doi.org/10.1080/13500775.2021.2016287.

RIFLETTI

Quali contesti degli oggetti presenti nel museo meglio si presterebbero ad una ricostruzione in realtà virtuale? Quali itinerari esplorativi e interazioni con altri oggetti, con l'ambiente e con altri esseri, umani o artificiali, si potrebbero realizzare? Quali leggi (della fisica, della storia o altro) varrebbe la pena di trasgredire per un maggior impatto?

Nel 1987 Chuck Hull, un ingegnere statunitense, brevetta la tecnologia per la stampa in 3D e due anni dopo lancia la prima stampante 3D commerciale, la SLA-1. L'idea è concettualmente semplice, ma tecnicamente complessa: per realizzare qualunque oggetto è sufficiente depositare uno strato dopo l'altro di un materiale speciale in grado di solidificarsi successivamente, fino a completare qualunque forma desiderata.

Da allora le stampanti 3D hanno avuto uno sviluppo intenso: nel 1997 viene stampato un oggetto metallico, mentre nel 1999 è la volta di un organo umano a essere prodotto e trapiantato con successo in un paziente. Nel 2009 il costo di una stampante "entry-level" scende sotto i 1.000 dollari, permettendo alla tecnologia di diffondersi in scuole, laboratori artigianali e case di privati cittadini.

Figura 21 - Chuck Hull con il suo doppio stampato in 3D

Figura 22 - Cody Wilson con la sua pistola
stampata in 3D (foto di Cody Wilson)

Uno di questi, l'americano Cody Wilson, arriva a distribuire gratuitamente in rete i modelli per potersi stampare in casa una pistola di plastica in grado di sparare, avviando così l'inquietante fenomeno delle *ghost guns*, armi autoprodotte tramite le stampanti 3D e per questo non rintracciabili né controllabili in alcun modo dai governi.

Ad oggi la stampa in 3D è in grado di produrre oggetti sempre più sofisticati, in una varietà crescente di dimensioni, forme e materiali, al punto da far preconizzare ad alcuni esperti l'avvio di una nuova rivoluzione industriale.

Come funziona la stampa 3D

La produzione di una stampa 3D è suddivisa in tre fasi fondamentali:

1) *creazione di un modello 3D*. Questa è la versione digitale dell'oggetto che vogliamo stampare, di solito creata da zero usando software di modellazione 3D, oppure otte-

nuta digitalizzando un oggetto esistente tramite appositi scanner tridimensionali;

2) *generazione del modello stampabile.* Una volta creato il modello 3D, questo deve essere reso compatibile con la stampa. Questo è il compito di software appositi che "affettano" (slicing) il modello 3D in modo che sia pronto per essere stampato strato per strato;

3) *stampa 3D vera e propria.* A questo punto abbiamo un oggetto pronto per la stampa che può essere passato alla stampante 3D, che nel giro di minuti od ore, a seconda delle dimensioni e della complessità del modello, genererà l'oggetto finale, che andrà successivamente rifinito a mano per eliminare eventuali imperfezioni.

Se osserviamo questo processo possiamo renderci conto di alcune caratteristiche formidabili della stampa 3D. Innanzitutto, i modelli 3D di partenza possono essere anche scaricati da librerie online. Questo significa che chiunque possieda una stampante può accedere a un numero vastissimo di modelli pronti all'uso e facilmente personalizzabili.

In secondo luogo, la stampante 3D è in grado di riprodurre un numero infinito di oggetti: è sufficiente cambiare il modello di partenza e fornire alla stampante il materiale con cui realizzare il prodotto finito.

Infine, la stampa 3D è potenzialmente quasi istantanea, dato che gli oggetti possono essere inviati via Internet e stampati sul posto. Questo si è rivelato utilissimo nelle situazioni catastrofiche come terremoti o inondazioni, in cui le catene di trasporto sono compromesse e c'è assoluta urgenza di realizzare in loco oggetti come protesi mediche e pezzi di ricambio con cui riavviare macchinari danneggiati.

Queste caratteristiche rendono la stampa in 3D potenzialmente rivoluzionaria in molti settori, che qui elencheremo rapidamente:

- *prototipazione rapida*: le stampanti 3D sono ottime per realizzare velocemente ed economicamente dei prototipi di prodotti per valutarli e perfezionarli prima di passare alla fase finale di produzione;
- *produzione di pezzi particolari*: per alcuni componenti dalle forme particolarmente complesse, ad esempio dei motori aeronautici, il processo di stampa in 3D risulta più preciso ed economico rispetto a quello tradizionale;
- *protesi mediche*: le eccellenti capacità di personalizzazione della stampa in 3D permettono di realizzare a basso costo delle protesi tarate esattamente sulle necessità individuali;
- *costruzione di edifici*: nel 2014 un'azienda cinese ha dichiarato di essere riuscita a stampare in 3D ben 10 case in un giorno, al prezzo di soli 5.000 $ l'una. Anche se la stampa di interi edifici è rimasta un'attività abbastanza di nicchia, le iniziative in questo settore stanno aumentando, soprattutto nei paesi emergenti, stimolate dalla speranza di costruire case sempre più economiche ed ecologicamente sostenibili;
- *istruzione*: diverse scuole si stanno dotando di stampanti 3D a basso costo per mettere in connessione i nativi digitali con il mondo della produzione di oggetti reali. Dato che le giovani generazioni risultano più abituate all'utilizzo dei computer che alle attività manuali, le stampanti 3D permettono di riversare questa abilità nella creazione di oggetti reali, prefigurando forse una nuova via verso l'artigianato del futuro.

Il futuro della stampa 3D appare quindi potenzialmente molto importante, in almeno tre direzioni:
1) *personalizzazione estrema*: gli oggetti stampati possono essere variati anche singolarmente senza che questo impatti particolarmente sul processo di produzione, apren-

do la strada a un futuro di oggetti stampati su misura delle esigenze del singolo utente;

2) *produzione distribuita*: è possibile immaginare che lo stesso oggetto venga prodotto non in poche fabbriche attrezzate alla produzione di massa, ma in piccoli laboratori sparsi per il territorio o addirittura a casa dell'utente finale, rendendo inutile il trasferimento delle merci e aumentando quindi la sostenibilità ecologica;

3) *progettazione distribuita*: la stampa 3D si basa, come abbiamo visto, su modelli scaricabili da Internet, creando mercati completamente nuovi in cui a essere messo in vendita è solo il modello virtuale e non l'oggetto finito.

Rispetto all'attuale modello produttivo è quindi possibile immaginare un processo radicalmente diverso, profondamente reticolare, in cui gli oggetti viaggiano come informazioni digitali e prendono forma fisica solo dove e quando diventano necessari (addirittura si sta progettando di stampare in 3D le basi lunari per evitare il trasporto dei materiali da costruzione).[1]

I musei e la stampa 3D

Nei musei gli oggetti stampati in 3D sono ancora pochi, anche se le potenzialità per la didattica e l'accessibilità ai disabili sembrano molto interessanti. Ad esempio, il Victoria and Albert Museum di Londra ha creato dei modelli digitali 3D di propri oggetti per alcuni bambini ospitati in ospedale in stato di isolamento, che hanno potuto alterarli a piacimento usando

---

[1] Serdar Ulubeyli, *Lunar shelter construction issues: The state-of-the-art towards 3D printing technologies*, "Acta Astronautica", 195 (2022), p. 318-343, https://doi.org/10.1016/j.actaastro.2022.03.033.

dei semplici software e poi stamparli per poterci interagire fisicamente.[2]

Il Metropolitan Museum di New York ha reso disponibili online oltre 70 modelli digitali tratti dalle proprie collezioni, in modo che chiunque possa scaricarli e stamparli a casa propria. [3]

Il Museo Popoli e Culture di Milano ha realizzato con InvisibleStudio e il laboratorio di stampa in 3D di Scuola Cova di Milano un progetto di realizzazione di copie dei propri oggetti più significativi per realizzare un laboratorio tattile per persone con disabilità visiva.

Infine, degno di nota è il progetto "Scan the World",[4] in cui modelli 3D di statue provenienti da musei di tutto il mondo vengono messi liberamente a disposizione degli utenti.

Il già citato Victoria and Albert Museum ha realizzato una collaborazione molto interessante con "Scan the World", acquisendo per la propria collezione permanente due copie stampate in 3D realizzate in due modalità differenti: una "autorizzata", tramite uno scan 3D dell'oggetto realizzata dallo staff

Figura 23 - I due busti sulla destra sono copie stampate in 3D di due statue del V&A, ora esposte nella sua collezione permanente

---

[2] Charlotte Coates, *How are some of the world's best known Museums doing amazing things with 3D Printing?*, "MuseumNext", July 1, 2020, https://www.museumnext.com/article/how-museums-are-using-3d-printing.

[3] I modelli sono disponibili sul sito https://www.thingiverse.com/met/designs.

[4] Disponibile su https://www.myminifactory.com/scantheworld.

del museo, l'altra "pirata", effettuata tramite fotografie da un visitatore ad insaputa del museo.

Queste due modalità evidenziano molte sfide che oggi i musei si trovano a fronteggiare nell'epoca della stampa 3D. Cosa fare di fronte a questa nuova tecnologia? Autorizzarla, o scoraggiarla per cercare di mantenere un minimo di controllo sui propri oggetti? In qualche modo il dilemma ricorda quello sulle fotografie al museo, che solo recentemente i musei si stanno orientando a permettere (quasi) sempre.

Un'ulteriore suggestione di questo progetto è che le due teste sono esposte all'interno della spettacolare "galleria dei gessi", in cui vengono mostrate le copie realizzate in gesso durante l'Ottocento delle più famose sculture europee, dal *David* di Michelangelo alla Colonna Traiana. In questo modo il dibattito sul rapporto tra copia e oggetto reale acquisisce profondità storica; forse la stampa 3D è semplicemente la copia in gesso del XXI secolo? E un giorno ammireremo le stampe in 3D con la stessa meraviglia con cui oggi visitiamo la galleria dei gessi al V&A?

Comunque sia, è evidente che artisti e musei devono fare i conti con questa nuova tecnologia, che rischia di alterare radicalmente il rapporto tra copia e originale e lo stesso processo di produzione di un'opera d'arte; se infatti la scultura era rimasta un terreno abbastanza "manuale", oggi la stampa 3D mette al cuore dell'atto creativo un'interazione digitale con la macchina per creare il modello 3D dell'oggetto, e questo, come notano gli studiosi dell'impatto del software sulla nostra vita e sulla nostra creatività, non sarà un fatto privo di conseguenze.[5]

Ancora una volta ci troviamo nel nuovo paradigma dell'immediatezza: il fatto che un visitatore possa scaricare liberamente o realizzare, a partire da poche fotografie, copie sempre più sofisticate degli oggetti museali elimina o riduce la mediazione

---

[5] Cfr. Lev Manovitch, *Software culture*, Milano, Olivares, 2010.

dell'istituzione, aprendo a nuovi e inaspettati utilizzi, tutti da
scoprire.

RIFLETTI

Esistono oggetti tridimensionali all'interno del tuo museo che potrebbero
essere facilmente stampati in 3D? Se sì, che uso didattico o artistico se ne
potrebbe fare?

MORRIS WORM E I VIRUS ONLINE (1988)

Che la rete sia diventata un vero e proprio universo parallelo con i suoi eroi, i suoi malfattori, le sue leggi e i suoi pericoli diventa evidente pochi anni dopo, nel 1988, quando Internet viene colpita dalla prima epidemia informatica di grandi dimensioni.

Il 2 novembre 1988 infatti Robert Tappan Morris, un giovane studente di informatica alla Cornell University, rilascia in rete un virus informatico che si replica rapidamente nei sistemi infettati, sovraccaricandone le risorse e causando rallentamenti e malfunzionamenti.

È stato calcolato che il virus *Morris Worm* abbia colpito circa 6.000 nodi su un totale di 60.000 nodi che allora componevano Internet.[1] È la dimostrazione che la struttura aperta della rete è al tempo stesso una forza e una grande debolezza: quella stessa architettura distribuita che la rende pressoché invulnerabile a un attacco nucleare la lascia però indifesa di fronte alla minaccia di virus informatici in grado di replicarsi e propagarsi attraverso i nodi fino a infettare intere porzioni della rete in tempi brevissimi.

Anche se non è mai stato chiarito quanto il danno fosse stato volontario e quanto un esperimento alla Frankenstein sfuggito di mano, Morris detiene anche il poco invidiabile record di essere il primo condannato della storia per aver rilasciato un virus: tre anni di libertà vigilata, 400 ore di servizi sociali e una multa di 10.000 dollari.

Dopo Morris, comincia ufficialmente l'era della lotta biologica in rete, che diventa un ecosistema percorso da forme di

---

[1] *The Oxford Handbook of Cyber Security*, edited by Paul Cornish, Oxford, Oxford University Press, 2021, p. 315.

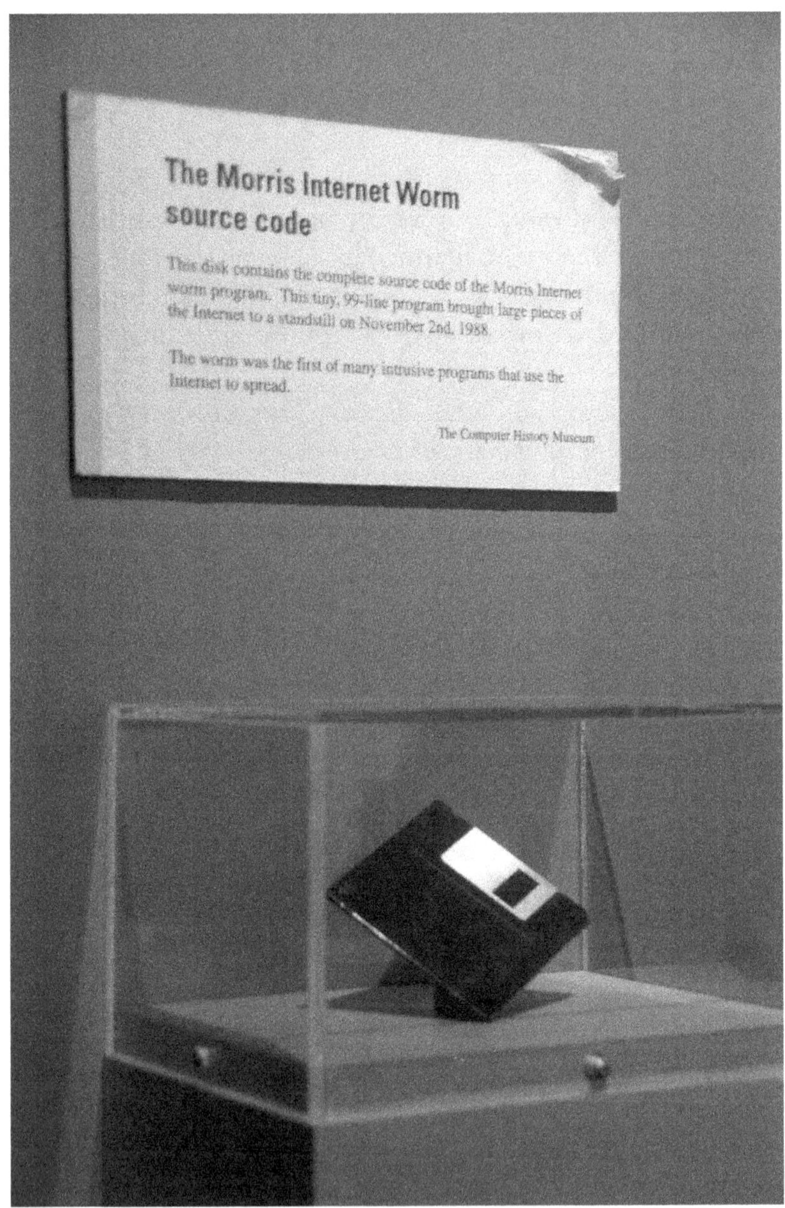

Figura 24 - Il dischetto col codice del "Morris Worm" presso il Computer History Museum di Mountain View, California (foto di Chris Devers)

vita diverse e autonome, in grado di collaborare o lottare tra loro per la vita e per la morte.

È comunque interessante notare come questo sviluppo relativamente recente sia in qualche modo inscritto nei geni del computer; la nascita del computer è infatti intimamente legata al tema della sicurezza informatica. Sono gli studi di Alan Turing e altri matematici inglesi per decodificare il codice Enigma usato dai sommergibili tedeschi nella Seconda Guerra Mondiale a portare alla costruzione del primo "calcolatore elettronico", il Colossus a Bletchley Park. Il computer nasce quindi per "craccare" un codice e incrinare la segretezza delle comunicazioni di un ente senza che questo se ne renda conto, esattamente ciò che succede oggi con la pirateria informatica su Internet.

A mano a mano infatti che il nostro mondo si digitalizza, esso diventa sempre più dipendente dal funzionamento efficace e affidabile della sua infrastruttura digitale; al punto che una componente chiave della guerra contemporanea sono gli attacchi alle reti digitali nemiche. Eppure già adesso ci troviamo in una guerra digitale permanente a bassa intensità, in cui stati e aziende vengono sottoposti a continui attacchi informatici, da parte di organizzazioni collegabili a entità statali come USA, Israele, Russia e Cina.

I musei e la *cybersecurity*

La sicurezza informatica, o *cybersecurity*, è un tema fondamentale per la nostra società digitalizzata, e quindi per i musei, che sono sia parte integrante della società, sia luogo di riflessione storica e teorica sulla società stessa.

Il museo immediato è strutturalmente un musco più esposto agli attacchi, dato che manca di quegli "strati di mediazione" che si frappongono come corazze tra l'istituzione e la parte meno benevola del suo pubblico. Ogni museo può essere aggredito scardinandone le difese per rubarne delle proprietà, colpito attraverso campagne diffamatorie o penetrato attraverso la cooperazione, consapevole o inconsapevole, di membri dello staff. Questi meccanismi sono resi più ampi e molto più veloci, praticamente istantanei, dagli strumenti digitali; a volte basta un click imprudente su una mail per esporre l'intera organizzazione a danni gravissimi, come è forse successo nel caso del devastante attacco ransomware del 2023 alla British Library di Londra.[2]

La situazione di "guerra permanente" che descriviamo nei precedenti paragrafi non risparmia il settore culturale. I principali musei di Londra, ad esempio, hanno riportato di essere stati oggetto di 109 milioni di attacchi informatici nel corso del solo 2018 con i Kew Gardens attaccati 86 milioni di volte, l'Imperial War Museum 10 milioni, il Natural History Museum 875.000 e la Tate (Modern e Britain) quasi 500.000.[3]

Diventa quindi evidente come i musei e le organizzazioni culturali debbano diventare più attente alla sicurezza informatica.[4] Riporteremo quindi un breve elenco/glossario delle principali forme di *malware*, vale a dire di software esplicitamente progettato per creare danni, da non confondersi con i software legittimi ma malfunzionanti per errori vari compiuti in buona fede da chi li ha prodotti.

[2] British Library, *Learning Lessons From The Cyber-Attack. British Library cyber incident review*, 8 March 2024, https://www.bl.uk/home/british-library-cyber-incident-review-8-march-2024.pdf.

[3] Justin Davenport, *Millions of cyber attacks on Kew Gardens and museums as hackers target people's financial data*, "The Telegraph", 15 March 2019, https://www.standard.co.uk/news/crime/millions-of-cyber-attacks-on-kew-gardens-and-museums-as-hackers-target-people-s-financial-data-a4092871.html.

[4] Per approfondire: Wendy Pryor, *Staying safe: cybersecurity in modern museums*, "MW 17", January 23, 2017, https://mw17.mwconf.org/paper/staying-safe-cybersecurity-in-modern-museums-internal-external-and-hidden-threats-with-a-focus-on-cryptography-to-maintain-data-security.

Virus: forma di malware che si nasconde all'interno di un software legittimo (ad esempio un documento Word o Excel) e si propaga da computer a computer, infettandoli man mano che vi entra "sulle spalle" del documento ospite. Un virus può avere effetti molto variabili, dal rallentare leggermente il computer fino a distruggerne tutti i dati in modo irreversibile.

Worm: a differenza dei virus, che hanno bisogno di un programma ospite, i worm (vermi) si diffondono da soli attraverso la rete, collegandosi autonomamente ad altri computer e sfruttandone vulnerabilità preesistenti. Internet Worm, di cui abbiamo parlato precedentemente, faceva parte di questa categoria.

Trojan: il trojan, come il Cavallo di Troia da cui prende il nome, si presenta come un programma innocuo o divertente che una volta lanciato causa una serie di problemi di gravità variabile, dalla cancellazione di file all'attivazione di virus.

Spyware: gli spyware sono forme particolari di malware il cui obiettivo è rubare dati all'utente. Per questo, invece che causare danni, si nascondono nel sistema restando invisibili e cercano di trasmettere all'autore dati sensibili quali password, immagini private e dati di navigazione, aprendo la strada a furti e ricatti.

Ransomware: invenzione degli ultimi anni, i ransomware cifrano tutti i contenuti del computer infettato, rendendoli illeggibili all'utente che è costretto a pagare una forte somma in monete virtuali non rintracciabili come i bitcoin, per avere dal ricattatore la chiave per rendere i propri dati nuovamente leggibili (risultato che purtroppo non è sempre garantito, neanche a fronte del pagamento).

Bot: i bot sono software automatici che prendono il controllo di grandi quantità di computer rendendoli "schiavi" senza volontà, pronti ad eseguire i comandi del bot. Queste reti di computer "zombie", ad esempio, possono collegarsi tutti insieme ad un determinato sito, bombardandolo di continue richieste di dati fino a metterlo fuori uso per ore o addirittura giorni (sono i cosiddetti attacchi DDOS, *Distributed Denial of Service*).

Come difendersi da queste minacce? La prima regola è *non credere che non ci riguardi*. Se è vero che il bersaglio più ambito degli attacchi informatici possono essere le banche o i siti governativi, è anche vero che gli attacchi vengono portati avanti da software automatici che attaccano tutti i possibili computer migliaia di volte, fino a riuscire a trovare una vulnerabilità. Il pirata non è un essere umano che ce l'ha specificamente con noi, ma un software che spara alla cieca, nel mucchio, allo stesso modo in cui un virus biologico non cerca un singolo individuo ma potenzialmente infetta chiunque gli capiti a tiro.

Una volta accettato questo principio, ne discendono automaticamente atteggiamenti prudenti, come l'aggiornamento costante dei sistemi operativi, la prudenza nel cliccare su link o allegati sospetti, l'uso di password più sicure o biometriche come il tocco del cellulare, l'impostazione di politiche di backup automatico.

Al di là di queste raccomandazioni di base, il nostro invito è anche quello di provare ad appassionarsi al tema della sicurezza. È infatti un campo affascinante, in cui si fondono biologia, crittografia, psicologia e tecnologia. È il lato oscuro dell'animo umano, disincarnato e distillato in una lotta silenziosa e invisibile ma non per questo meno accanita, dalle conseguenze anche drammatiche, che ci riporta al pendolo eterno tra libertà e sicurezza. Per questo i musei dovrebbero essere più attenti a questo tema anche dal punto di vista culturale, che tra l'altro attira l'attenzione di diversi artisti contemporanei. Un buon punto di partenza in questo senso è il sito del Cybersecurity Arts Contest.[5]

[5] https://cltc.berkeley.edu/artscontest.

RIFLETTI

Rispondi a queste domande per il tuo museo:
1. Esiste una persona responsabile della sicurezza informatica?
2. Tutti i computer e gli smartphone vengono aggiornati automaticamente alle versioni più recenti dei software e del sistema operativo?
3. I computer sono dotati di antivirus ad aggiornamento automatico?
4. Esiste un sistema di backup in caso di perdita di dati (anche accidentale)?
5. È stata fatta una formazione alla sicurezza a tutto lo staff che abbia a che fare con i computer?
6. Le password sono abbastanza complesse e uniche?
7. Se basato su sistemi come Wordpress, il sito e i suoi plugin vengono regolarmente aggiornati?
8. Esiste in generale una "cultura della sicurezza" nel museo? I sistemi antifurto e antincendio delle gallerie e degli uffici sono adeguati? Esistono chiare istruzioni note a tutti in caso di incendio, necessità di evacuazione immediata, attacco terroristico?
9. Prova a immaginarti una mostra sulla sicurezza informatica nel tuo museo. Quali temi o oggetti della collezione potrebbe toccare?

NASCE IL WORLD WIDE WEB (1989-1990)

Fino al 1989 Internet permette a universitari e tecnoentusiasti di tutto il mondo di effettuare attività come inviare e-mail (in assoluto la più importante e popolare), connettersi a computer in remoto tramite un programma chiamato *Telnet*, caricare e scaricare file tramite il protocollo FTP (File Transfer Protocol), cercare documenti nei server FTP usando il rudimentale motore di ricerca Archie, partecipare a forum di discussione su sistemi di forum online come *Usenet* e, a partire dal 1988, chattare online su un sistema di chat organizzato a "stanze" chiamato *Internet Relay Chat* (IRC).[1]

Tutte queste attività sono certamente utili, ma condividono un difetto di base: a parte l'e-mail sono servizi piuttosto difficili da usare, non alla portata del grande pubblico, perché richiedono una buona dose di confidenza col computer. In particolare, la ricerca di documenti risulta difficoltosa: richiede lunghe ricerche negli archivi dei singoli computer. Internet nel 1989 è quindi un'immensa biblioteca senza un bibliotecario, o anche solo un sistema ordinato di scaffali; è come se milioni di libri fossero ammassati in cassetti (i computer) alla rinfusa, in un labirinto inestricabile alla Borges.

Nel 1989, al Centro europeo di ricerca nucleare CERN di Ginevra, il giovane ricercatore inglese Tim Berners-Lee (oggi *Sir* Tim Berners-Lee, avendo ricevuto il titolo dalla Regina per i suoi meriti informatici) propone un progetto potenzialmente rivoluzionario: utilizzare un sistema ipertestuale per assegnare

---

[1] In verità l'idea di chattare non è nuova: il primo sistema di chat online pare risalga addirittura al 1973, anche se non basato su Internet ma su una rete universitaria chiamata *Plato*, di cui è stata ricostruita una versione online su http://talko.cc/lobby.html.

ad ogni documento un indirizzo univoco, indipendentemente
dal computer su cui risiede. In questo modo sarebbe diventato molto facile trovare un documento, rendendo più efficace
la condivisione dei documenti non solo all'interno del CERN
(che contava migliaia di ricercatori) ma in tutte le reti Internet.[2]

La proposta viene accettata dal CERN e nel 1990 viene
pubblicata la prima versione del World Wide Web.

Un piccolo, affascinante dettaglio: Tim Berners-Lee sviluppa il World Wide Web su un NeXT, un computer sviluppato
da Steve Jobs nel 1988 dopo essere stato licenziato da Apple.

CERN DD/OC   Tim Berners-Lee, CERN/DD

Information Management: A Proposal   March 1989

Information Management: A Proposal

Abstract

This proposal concerns the management of general information about accelerators and experiments at CERN. It discusses the problems of loss of information about complex evolving systems and derives a solution based on a distributed hypertext sytstem.

Keywords: Hypertext, Computer conferencing, Document retrieval, Information management, Project control

Figura 25 - L'originale della prima pagina della proposta del World Wide Web, con sopra una nota del superiore di Tim Berners-Lee "vago ma entusiasmante" (dal sito del CERN www.cern.ch)

[2] Per approfondire la nascita del web si consiglia la lettura di: Tim Berners-Lee, *Weaving the Web: The Original Design and Ultimate Destiny of the World Wide Web by Its Inventor*, New York, Harper Collins, 2000, e Robert Caillau, James Gillies, *Com'è nato il web*, Milano, Baldini&Castoldi, 2002.

Caratterizzato da un design elegante e da un sistema operativo molto avanzato (che sarà alla base del sistema operativo MAC OSX degli attuali Apple), il NeXT non ha però il successo commerciale sperato; eppure proprio su quel computer viene creato il World Wide Web, come se la storia avesse voluto stabilire un contatto tra due protagonisti della rivoluzione informatica di fine millennio.

Alcuni anni fa abbiamo chiesto a Robert Cailliau, il primo collega di Tim Berners-Lee ad essere coinvolto nel progetto World Wide Web, se fossero consapevoli che quel software che stavano sviluppando avrebbe potuto cambiare il mondo intero, e non solo il sistema informatico del CERN. Secondo Cailliau, a differenza di lui, Berners-Lee aveva intuito fin dall'inizio che la sua invenzione avrebbe potuto avere conseguenze globali. E così è stato: per uno di quei paradossi di cui è ricca la storia, il World Wide Web, piccolo progetto collaterale rispetto alla

Figura 26 - Il computer NeXT su cui Tim Berners-Lee sviluppa il web, con su un'etichetta scritta di suo pugno che dice "Non spegnere questo computer, è un server" (foto di Tiziano Garuti)

ricerca nucleare per cui era nato il CERN, è stato ad oggi il risultato più importante scaturito da quel centro di ricerca.

Ma andiamo a comprendere in dettaglio come è composta l'invenzione di Tim Berners-Lee, il World Wide Web.

L'idea di base, come abbiamo detto, è trasformare Internet in un gigantesco ipertesto.

L'ipertesto è composto da una serie di documenti collegati tra loro da elementi detti "link" in modo che sia possibile per un lettore "saltare" facilmente da un documento all'altro tramite questi link, seguendo un percorso di lettura non lineare.

Il termine ipertesto (*hypertext*) viene coniato negli anni Sessanta da Ted Nelson, un visionario studioso statunitense che immagina un vasto sistema digitale in grado di connettere tra loro documenti e immagini di ogni tipo, chiamato *Xanadu*, che però Nelson non realizza.

È interessante notare che, con nomi diversi, l'idea di costruire un meccanismo per poter collegare tra loro documenti nello stesso modo rapido e destrutturato con cui il cervello umano collega i pensieri non è certamente nuova. Nel 1945 lo studioso statunitense Vannevar Bush aveva immaginato un sistema elettromeccanico chiamato *Memex*, e addirittura nel Cinquecento un ingegnere italiano, Agostino Ramelli, aveva disegnato un'affascinante "ruota di libri", un leggìo meccanico che avrebbe permesso di saltare rapidamente da un testo all'altro: un ipertesto *ante litteram*.

Tim Berners-Lee è a conoscenza di questa attività pregressa. Nel 1998 infatti scrive:

Una delle cose che i computer non hanno ancora realizzato per un'organizzazione è di essere in grado di immagazzinare associazioni casuali tra cose diverse tra loro, anche se questa è un'attività che il cervello ha sempre svolto relativamente bene. Nel 1980 ho giocato con programmi in grado di immagazzinare informazioni con link casuali, e nel 1989, mentre lavoravo allo European Particle Physics

Figura 27 - Agostino Ramelli, *Le diverse et artificiose Macchine*, 1588

Laboratory, ho proposto di creare uno spazio ipertestuale globale in cui ogni informazione accessibile via rete potesse essere consultata mediante un "Identificatore Universale di Documento".[3]

In questo testo abbiamo il nocciolo dell'idea del World Wide Web: uno spazio ipertestuale globale nel quale ogni informazione in rete sia accessibile attraverso un indirizzo univoco. Ecco delineata la "formula magica" del World Wide Web che potrebbe essere riassunta così:

WWW: URL + HTTP + HTML[4]

Il World Wide Web (WWW) funziona infatti grazie a tre componenti fondamentali: URL, l'indirizzo univoco di ogni documento presente sul web; HTTP, il protocollo che regola le comunicazioni tra il browser dell'utente e il server su cui risiede un determinato sito web; HTML, il linguaggio in cui sono scritte le pagine web.

Analizziamo ora questi tre elementi in dettaglio.

URL: Uniform Resource Locator

Ogni pagina web è identificata da un indirizzo univoco (URL, localizzatore uniforme di risorsa), ad esempio http://www.cern.ch/index.html, che indica la prima pagina del sito web del CERN. Il sito del CERN è stato, ovviamente, il primo sito del web, pubblicato il 6 agosto 1991 e ancora disponibile nella sua forma originale.[5]

---

[3] Tim Berners-Lee, *The World Wide Web: A very short personal history*, 1998, https://www.w3.org/People/Berners-Lee/ShortHistory.html (traduzione nostra).

[4] L'ordine degli elementi segue quello indicato dallo stesso Tim Berners-Lee, per il quale l'URL è l'elemento più importante del web, seguito da HTTP e HTML in ordine di importanza decrescente.

[5] http://info.cern.ch/hypertext/WWW/TheProject.html.

Oggi i browser tendono sempre più a "nascondere" le URL rendendole meno evidenti. Non è più necessario digitare nella barra degli indirizzi l'URL completa, ad esempio può bastare digitare solo CERN per essere automaticamente indirizzati a http://www.cern.ch/index.html; eppure il principio di funzionamento rimane sempre lo stesso: ad ogni documento deve corrispondere un solo indirizzo. È sulla base delle URL che è possibile creare i link, segnalando al browser che se si clicca su un certo elemento (parola, immagine, video ecc.) il browser deve aprire una certa URL.

I link sono infatti l'elemento base dell'architettura ipertestuale del web. World Wide Web significa letteralmente "ragnatela mondiale", dove i fili sono i link che connettono tra loro miliardi e miliardi di documenti in un percorso virtualmente infinito, ma sempre percorribile. Nel capitolo sui motori di ricerca vedremo come questa immensa ragnatela sia percorsa non soltanto da esseri umani ma da software specializzati, non a caso chiamati *spider* (ragni).

Ogni volta che consultiamo un sito web con il nostro browser (ad esempio Chrome o Firefox), utilizziamo il protocollo HTTP: il nostro browser stabilisce una connessione con un determinato computer (detto "server") e si fa inviare un determinato documento che risiede su quel computer (ad esempio la home page del sito).

Questa connessione avviene tramite la rete Internet ed è gestita da un protocollo di comunicazione chiamato appunto HTTP.

Ecco un esempio (semplificato) di dialogo tra il nostro browser e il server su cui risiede il sito:

Browser: Ciao, parliamo HTTP 1.1?
Server: OK

Browser: mi mandi la pagina index.html?

Server: OK, eccotela

Browser: ricevuta. Mi mandi anche la pagina indecs.html?

Server: Io non ho nessuna pagina con quel nome, sorry. (Error 404 not found)

È importante tener presente che il protocollo HTTP gestisce solo una parte del traffico su Internet, quello web. Ad esempio il traffico e-mail è gestito da un altro protocollo (SMTP, Simple Mail Transfer Protocol), come pure il trasferimento di file direttamente sul server (FTP, File Transfer Protocol). Tutti questi protocolli (HTTP, SMTP, FTP ecc.) funzionano appoggiandosi al protocollo TCP/IP che gestisce il traffico dei pacchetti sulla rete e che abbiamo visto nel capitolo dedicato ad Arpanet.

Il protocollo TCP/IP è quindi la "lingua di base" che permette ai computer di scambiarsi dati tra loro; i vari protocolli HTTP, SMTP ecc. sono "lingue evolute" che permettono di svolgere funzioni più complesse utilizzando questi dati.

A partire dal 1994 viene sviluppata una variante dell'HTTP detta HTTPS, dove la S sta per *sicuro*, che permette una comunicazione cifrata tra il browser e il server. È il protocollo che si attiva tutte le volte che facciamo un acquisto online, ci connettiamo alla nostra webmail o a un qualunque sito che richiede l'uso delle nostre credenziali (come i social network alle quali accediamo con un profilo specifico protetto da password) e tende ad essere oggi dominante rispetto al normale HTTP.

HTML: Hypertext Markup Language

Il terzo elemento necessario per il funzionamento del web è un linguaggio che favorisca i collegamenti ipertestuali, i link, fra i vari documenti. Questo linguaggio è l'HTML, letteralmente "linguaggio di evidenziazione ipertestuale", che nella prima versione di Tim Berners-Lee aveva soltanto 18 istruzioni.

Nella sua forma base è un linguaggio estremamente semplice, che si limita a formattare il testo in modo che sia facile da visualizzare su tutti i computer indipendentemente dal loro sistema operativo (Apple, Windows, Linux ecc.) e che sia possibile inserire dei link.

Vediamo un esempio semplicissimo di HTML. Se volessimo generare un testo di questo tipo:

Questo è un esempio di testo con parole in **grassetto**, parole in *corsivo* e parole che linkano ad altri siti, ad esempio Google .

Dovremmo scrivere un testo leggermente più lungo con alcuni comandi speciali che non verrebbero visualizzati all'utente finale, ma sono solo istruzioni di visualizzazione che vengono date al browser, il software con cui "leggiamo" i siti web:

```
<html>
<head>
<title>Prima pagina in HTML</title>
</head>
<body>
Questo è un esempio di testo con parole in <b>grassetto</b>, parole in <i>corsivo</i> e parole che linkano ad altri siti, ad esempio <a href="www.google.it">Google</a>.
</body>
</html>
```

Come si vede, nella sua forma elementare l'HTML è comprensibile a occhio nudo con poco sforzo; i suoi comandi sono intuitivi, come <b> per il grassetto (bold in inglese), <title> per il titolo della pagina ecc.

Diversi di questi comandi sono validi ancora oggi, anche se certamente i browser e l'HTML si sono evoluti enormemente rispetto alla prima versione costruita da Tim Berners-Lee.

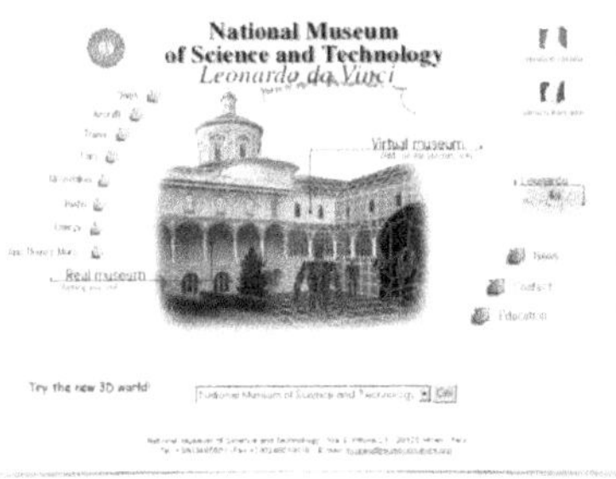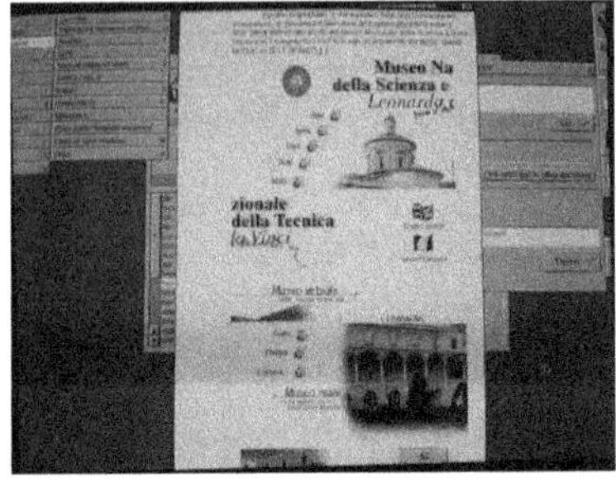

Figura 28 - Il sito del Museo della Scienza e della Tecnica di Milano del 2000 visualizzato in un browser moderno (a sinistra) e come veniva visualizzato dal browser "World Wide Web" di Tim Berners-Lee (foto di Giuliano Gaia)

Già nel 2000 al Museo della Scienza di Milano facemmo un curioso esperimento: provammo a visualizzare il sito del museo di allora utilizzando il browser originale di Tim Berners-Lee.

Come si vede nelle foto, il browser originale, di dieci anni prima, non riusciva a posizionare correttamente le immagini né a comprendere il contenuto di alcune istruzioni presenti nella pagina, e si limitava a visualizzarle come se fossero testo.

Questo perché sia i linguaggi in cui viene programmato il web, sia i browser si evolvono rapidamente, arricchendosi di sempre nuove funzionalità.

Detto questo, l'intero impianto del web si regge ancora oggi sulla "triade" URL / HTTP / HTML progettata da Tim Berners-Lee nel 1989-1990 e questo è certamente il migliore tributo alla genialità del suo creatore.

I musei e il World Wide Web

I musei hanno cominciato ad accostarsi al web abbastanza presto. Una nostra ricerca sui primi siti web ci ha permesso di stabilire che il primo sito museale al mondo è stato quello del University of California Museum of Paleontology, lanciato nell'agosto 1993, seguito a dicembre 1993 dall'Exploratorium di San Francisco, e a seguire tutti gli altri.[6]

È difficile sottostimare l'impatto del sito web sulla comunicazione museale. Per la prima volta nella loro storia i musei hanno *in loro possesso* un mezzo di comunicazione di massa accessibile da tutto il mondo 24 ore su 24, aggiornabile in tempo reale e a basso costo. Il museo diventa quindi un *broadcaster*, e questo vale non solo per i grandi musei, ma anche per quelli medi e piccoli. I numeri sono potenzialmente grandi: ad esempio già nel 2002 il sito del Museo della Scienza di Milano raggiungeva il milione di visitatori annuali, oltre il triplo delle visite al museo reale, pur in una situazione di digitalizzazione della società italiana ancora molto parziale.

La storia dei siti web museali passa attraverso tre fasi principali.

- La *fase pionieristica* dal 1992 al 1999 circa, che vede i musei aprire siti web con un misto di prudenza e scetticismo, a volte sulla spinta di singoli membri o di piccoli dipartimenti.

- La *fase di entusiasmo*, dal 2000 al 2010 circa, in cui i musei investono molto sui siti e sui blog, con sperimentazioni tecnologiche, contenutistiche e di rapporto col pubblico.

- La *fase di normalizzazione*, in cui l'entusiasmo dei musei si sposta verso i social media e i siti web diventano un semplice complemento del mix comunicativo del museo, a volte a prezzo di una ridotta attenzione in termini di fantasia e investimenti. Ovviamente esistono diverse eccezioni, soprattutto da parte dei musei più grandi, ma è abbastanza evidente che l'attenzione ai siti web museali abbia sofferto la concorrenza delle successive mode tecnologiche, come social media, app, gaming, realtà virtuale e aumentata.

---

[6] Giuliano Gaia et al., *Museum Websites of the First Wave: The rise of the virtual museum*, Proceedings of *EVA London 2020*, DOI: http://dx.doi.org/10.14236/ewic/EVA2020.4.

Sottovalutare o trascurare il proprio sito web è però una politica miope, a nostro avviso. Il sito web è ancora il cuore della comunicazione digitale del museo.

Se paragonato ai social o alle app, il sito web possiede alcune caratteristiche particolarmente interessanti e importanti per una politica digitale, dato che è:

1) *permanente*: a differenza dei social, nei quali i contenuti tendono a essere effimeri e a sparire sotto altri contenuti, il sito web permette di pubblicare pagine di qualità e mantenerle visibili per mesi, se non per anni;

2) *indipendente dal device*: un sito web ben fatto può essere visualizzato efficacemente su ogni tipo di smartphone e computer; altrettanto non si può dire delle app proprietarie dei musei, che devono essere sviluppate per sistemi operativi specifici e mantenute continuamente in sincrono con gli aggiornamenti dei sistemi operativi, pena il non essere più visualizzabili;

3) *proprietario*: solo il museo possiede i contenuti del proprio sito, mentre tutto ciò che viene pubblicato sui social dipende da una piattaforma posseduta da terzi, sia in termini legali che di fruizione. Ad esempio la recente chiusura di uno dei primi social network, Myspace, ha comportato la perdita di molti file che erano stati pubblicati da utenti privati su quella piattaforma, e che un giorno potrebbero fare la stessa fine su social come Facebook o Instagram;

4) *Google-friendly*: i siti web sono più "permeabili" a Google rispetto a social e app, ovviamente quando vengono realizzati con la dovuta attenzione a questo aspetto;

5) *flessibile*: un sito web offre molte più possibilità di personalizzazione dell'aspetto e dei contenuti rispetto a un social, che inevitabilmente soffre delle rigidità della piattaforma, e permette facili integrazioni con altri sistemi digitali;

6) *trasparente*: soprattutto se si usano sistemi open come Wordpress, il sito sarà sempre modificabile con l'aiuto di uno sviluppatore esterno; altrettanto non si può dire dei social, che sono piattaforme chiuse e inaccessibili al museo;

7) *visitato*: le ricerche dimostrano che ancora oggi il sito web tende ad essere il luogo più frequentato all'interno del mix digitale di un museo; questo è un dato di cui non ci si rende conto, perché il pubblico di un sito web è meno "evidente" di quello sui social, anche se più numeroso.

A questo punto la domanda diventa: cosa deve fare un museo oggi per continuare a sfruttare al meglio il proprio sito web?

Innanzitutto deve concentrarsi sul pubblico del proprio sito. Tra le molte segmentazioni possibili (demografiche, per obiettivi, per collocazione geografica ecc.) qui vogliamo proporne una che prende in considerazione la probabilità di visita al museo.

Esistono cinque grandi tipologie di pubblico di un sito web museale.

1) *Il pubblico che vuole visitare il museo o sta decidendo se ne vale la pena.* È l'utente più classico, che va sul sito per trovare gli orari di apertura, il costo dei biglietti, quali mostre sono in corso ecc. È il fruitore tipico delle informazioni pratiche e del *what's on*, sezioni che devono essere immediatamente accessibili e sempre aggiornate. All'interno di questo settore di pubblico particolare importanza rivestono i "visitatori speciali", come i disabili, gli insegnanti che vogliono portare una classe in visita al museo, chi vuole affittare degli spazi per un evento ecc. Questo tipo di utenza può usare per la connessione al sito indifferentemente un computer o uno smartphone.

2) *Il pubblico che sta visitando il museo.* Questo è un settore potenzialmente molto interessante per il museo. Una volta dentro al museo, infatti, il visitatore può essere stimolato a connettersi al sito web col proprio smartphone, ad esempio inquadrando QR code di approfondimento delle opere o per utilizzare servizi in tempo reale tipici del retail marketing (ad esempio iscrivendosi alla newsletter del museo in cambio di uno sconto al bookshop).

3) *Il pubblico che ha già visitato il museo.* Questo tipo di visitatore dovrebbe essere il più possibile agganciato e coinvolto nella vita del museo, sia tramite la richiesta di feedback sul sito del museo o su sistemi esterni come Tripadvisor e Google Map, sia offrendo iscrizioni alla newsletter o ai social e sconti per tornare, portando anche con sé altri visitatori. In questo senso il sito può fungere da prezioso snodo comunicativo verso tutte queste possibilità.

4) *Il pubblico che non vuole o non può visitare il museo nel breve termine.* Questo pubblico, spesso sottovalutato o ignorato dai musei, costituisce spesso un'ampia frazione dell'audience generale del sito. È un pubblico variegato, composto ad esempio da persone che sono capitate sul sito tramite Google cercando contenuti legati a un loro interesse specifico, studenti impegnati nella ricerca di informazioni per tesi o ricerche, ricercatori accademici interessati a informazioni molto specifiche, semplici curiosi, giornalisti alla ricerca di notizie ecc. Questo pubblico è prezioso sia perché un giorno potrebbe voler visitare il museo, sia perché la *mission* del museo non è soltanto essere visitato ma diffondere cultura, e questo va fatto anche tramite il sito web e non soltanto tramite la visita al museo reale. Progettare contenuti di approfondimento online dedicati anche a chi non potrà visitare il museo dal vivo diventa quindi un'opportunità e un dovere. La pandemia ha mostrato quanto poco contenuto digitale

avessero sviluppato i musei per questo pubblico di non-visitatori e ha spinto molti musei a cercare forme innovative di coinvolgimento a distanza, dalle mostre online alle visite virtuali.

5) *Il pubblico non umano*. Al momento in cui stiamo scrivendo più della metà del traffico dati su Internet è generato da bot, non da esseri umani. Questi bot sono una fauna interessante e variegata: vanno dagli *spider* che aggiornano i motori di ricerca agli *agenti* che cercano informazioni aggiornate su temi specifici fino a *bot* maligni alla caccia di contenuto da copiare per lo spam o di vulnerabilità del sito da attaccare. Anche questo pubblico va tenuto presente, perché in alcuni casi va neutralizzato (i bot maligni) mentre in altri va favorito, come ad esempio nel caso degli spider di Google, che un museo ha tutto l'interesse ad accogliere nel migliore dei modi in modo da favorire la propria indicizzazione. Diremo di più: un museo potrebbe addirittura aprire una propria "sezione didattica per bot" con l'obiettivo di migliorare le conoscenze dei bot sul proprio settore culturale, in modo che le future intelligenze artificiali possano avere una migliore cultura e diffondere informazioni più corrette. In altre parole un museo d'arte rinascimentale potrebbe tentare di rivolgere le proprie pagine web non solo agli umani ma anche ai bot che scandagliano la rete, in modo che ci sia una migliore comprensione dell'arte rinascimentale sia da parte degli esseri umani che delle intelligenze artificiali, a maggior vantaggio di entrambi.

Una volta definito il pubblico, si può cominciare a lavorare sui contenuti più adatti ad ogni tipo di pubblico.

I siti web museali tendono ormai tutti ad aderire ad una struttura standard di questo tipo:

1) IL MUSEO: corrisponde alla sezione "chi siamo" dei siti aziendali, e contiene tutte le info sulla storia del museo, i fondatori, la *mission*, gli organismi che lo controllano, i report annuali, ecc.

2) WHAT'S ON: in questa categoria confluiscono tutte le iniziative temporanee del museo, come mostre, gli eventi, i workshop, ecc.

3) INFO PRATICHE: tutte le informazioni per pianificare la visita al museo, come orari, prezzi, accessibilità ai disabili, come arrivare, visite guidate, highlights del museo, acquisto online dei biglietti, affitto degli spazi museali ecc.

4) COLLEZIONI: questa sezione affronta il vero cuore dell'offerta museale: gli oggetti esposti. Spesso questa sezione è collegata al database interno delle collezioni e permette di ricercare informazioni e immagini dei singoli oggetti.

5) SOSTIENI IL MUSEO: sezione dedicata ai vari modi di contribuire al museo con donazioni, sponsorizzazioni, membership, volontariato ecc.

6) DIDATTICA: tutta la categoria dedicata all'offerta per le scuole, sia in termini di laboratori da fruire al museo che di contenuti da utilizzare in classe.

7) CONTENUTI ONLINE: video, approfondimenti, progetti speciali, podcast, magazine, tutto ciò che può essere fruito direttamente online per approfondire la conoscenza dei temi trattati dal museo.

8) STAMPA: comunicati stampa, rassegna stampa, contatti per giornalisti.

9) BIBLIOTECA e PUBBLICAZIONI: nel caso il museo ne sia provvisto, questa è l'area in cui consultare il catalogo della biblioteca o l'archivio delle pubblicazioni museali.

10) SHOP: per i musei che hanno uno shop degno di questo nome (ancora una ridotta percentuale dei musei italiani,

purtroppo), il catalogo dei prodotti e l'eventuale acquisto online.

11) CONTATTI: l'area che permette un contatto generico col museo, normalmente tramite moduli, o contatti più specifici con i vari dipartimenti.

12) LAVORA CON NOI: non molto diffusa in Italia, l'area con tutte le offerte di lavoro o stage all'interno del museo.

13) SOCIAL MEDIA: i social sono una parte importante della comunicazione online del museo e sono di solito presenti alla testa o al fondo di ogni pagina del sito, a partire dalla Home.

Queste categorie corrispondono anche a dei macro-obbiettivi del museo, quali ad esempio:

1) stimolare la visita (What's on, Info pratiche, didattica)
2) offrire un approfondimento dei contenuti (collezioni, contenuti online, biblioteca e pubblicazioni, il museo)
3) aiutare la sostenibilità del museo (sostieni il museo, shop)
4) ampliare la portata comunicativa del museo (stampa, social)
5) permettere l'interazione col pubblico (contatti, lavora con noi, social)

A seconda dell'importanza che i singoli obiettivi rivestono per il museo, può variare la visibilità o l'impegno profuso dal museo su certe categorie di contenuto piuttosto che altre. Ad esempio la possibilità di affittare spazi del museo o di diventare membri tipicamente può essere evidenziata se c'è molto interesse del museo in questo senso.

Concludendo, come ogni operazione comunicativa anche la progettazione del sito web deve partire da una triplice riflessione: (1) gli obiettivi di chi comunica; (2) le caratteristiche del target; (3) i contenuti da comunicare.

Solo sulla base di un'attenta riflessione su questi tre aspetti è possibile avere un sito web organico, ben progettato e in grado di raggiungere gli obiettivi prefissati.

RIFLETTI

Rispetto agli obiettivi delineati qui sopra, quali sono i più importanti per il tuo museo? Ritieni che il sito attuale li raggiunga? Quali tipi di pubblico, rispetto alle categorie che abbiamo definito, sono i più importanti per il tuo museo? Quali categorie di contenuto potrebbero essere ampliate o riorganizzate per raggiungere gli obiettivi del museo rispetto alle precedenti categorie di visitatori?

WEB ANALYTICS (1993)

L'architettura del web che abbiamo visto nel capitolo precedente possiede un'ulteriore, importante caratteristica: ogni volta che un web browser si collega a un web server per richiedere dei dati, il web server salva la richiesta in un file di testo detto *log file* (letteralmente "file di registro").

Le interazioni che abbiamo con un sito web lasciano quindi una traccia permanente, che può essere analizzata a posteriori per ricavare dati preziosi per il miglioramento del contenuto e dell'interfaccia del sito, oltre che per la comprensione delle caratteristiche e dei gusti dei propri visitatori.

Il problema del log file è che risulta di difficile lettura da parte di un essere umano, essendo una successione di linee di testo piuttosto incomprensibili. Per questo, pur essendo il log file presente fin dal primo web server del 1990, facciamo risalire al 1993 la nascita della scienza delle *Web Analytics*, perché in quell'anno viene lanciato un software, Web Trends, che interpreta i dati dei file di log e li mostra in tabelle e diagrammi, rendendoli leggibili e utilizzabili.

I software come Web Trends permettono a chi gestisce un sito web di conoscere con buona precisione alcuni dati fondamentali, quali ad esempio:
1) quanti visitatori si connettono al sito;
2) quali pagine guardano;
3) quanto stanno sul sito;
4) da che area geografica si connettono;
5) in che giorni e in che orari si connettono;
6) che link hanno seguito per arrivare al sito;
7) alcuni dati sul computer dei visitatori, come il sistema operativo (Windows, Mac ecc.), il browser che stanno usando e la risoluzione dello schermo.

Questi dati permettono di impostare campagne di comunicazione su web con una precisione sconosciuta ai media tradizionali. Radio e televisione possono basarsi solo su gruppi di utenti campione per inferire statisticamente il successo di una trasmissione, come pure i giornali, che al di là dei dati di vendita possono soltanto stimare il numero effettivo dei lettori e il successo dei singoli articoli. Grazie alle *Web Analytics*, invece, i proprietari dei siti web possono conoscere il comportamento effettivo dei propri utenti, con una precisione che negli anni si è fatta sempre più fine, grazie all'avvento di Javascript e dei *cookies* che permettono di osservare gli utenti sia nel comportamento sul singolo sito, sia nel passaggio tra diversi siti.

Un salto epocale per le Web Analytics avviene nel 2005, quando Google lancia Google Analytics come servizio gratuito. Google Analytics offre a tutti gli utenti, aziendali e non, la possibilità di disporre di un software potente e sofisticato, in grado di realizzare elaborazioni complesse sul comportamento degli utenti e di intrecciarli con gli altri strumenti a disposizione di Google. Google Analytics si diffonde rapidamente fino a diventare lo standard di fatto della rete.

Questo significa per Google avere un'ulteriore gigantesca mole di dati da inserire nel proprio database, diventando così ancora più preciso nel tracciare gli utenti e nel "venderli" agli inserzionisti pubblicitari. Questo potere fornisce una posizione di monopolio quasi assoluto dei dati di utilizzo del web che può risultare preoccupante.

Le *Web Analytics* non riguardano solo i siti web propriamente detti, ma anche i social, che offrono ai loro creatori un'altra messe molto ampia di dati, riguardanti non soltanto le pagine che si visitano ma anche le persone con cui si interagisce.

Tutte le piattaforme social oggi esistenti, da Facebook a Instagram a YouTube, offrono la possibilità di tracciare con precisione il comportamento dei propri utenti e molti software si propongono di integrare i dati provenienti dalle varie fonti, in modo da offrire sempre più informazioni agli esperti di marketing.

Facebook ha anche elaborato Facebook Pixel, che se aggiunto al proprio sito web permette di incrociare i dati dell'utilizzo dei social network con quelli della navigazione sui siti web, di fatto "inseguendo" l'utente anche nei siti esterni alla galassia di Mark Zuckerberg. Dal canto suo Google offre modalità per collegare l'analisi del comportamento degli utenti sul proprio sito web con le campagne pubblicitarie su Facebook.

Questa spasmodica attenzione ai dati si estende anche al di là del mondo strettamente online. Sono ormai molte le catene di negozi, ad esempio, che registrano i dati degli smartphone di chi entra in negozio o anche di chi si ferma ad osservare la vetrina dalla strada, in modo da elaborare statistiche sul comportamento e sul processo di acquisto. Il grado di anonimato di questi dati varia a seconda del comportamento dell'utente; ad esempio accettare una carta fedeltà sul proprio smartphone significa spesso inconsapevolmente accettare di essere tracciato fisicamente nell'area del negozio. A volte il tracciamento avviene semplicemente se l'utente si avvicina al negozio con lo smartphone acceso e la wi-fi aperta.[1]

Queste immense raccolte di dati online, aumentate esponenzialmente dall'uso degli smartphone che connettono i nostri movimenti fisici con i nostri comportamenti digitali, pongono problemi importanti in termini di privacy, sicurezza e concorrenza.

Tutte le più grandi piattaforme digitali sono state accusate di possedere un tale vantaggio competitivo in termini di raccolta dei dati degli utenti da risultare dei monopoli di fatto. I dati sono l'oro del XXI secolo. Prendiamo l'esempio di Amazon: dato che molti produttori sono di fatto costretti a vendere tramite Amazon i loro prodotti, così facendo regalano involon-

---

[1] Cfr. https://www.avsystem.com/blog/wifi-presence-analytics.

tariamente ad Amazon anche i propri dati di vendita. Conoscendoli in tempo reale, il colosso americano può decidere di produrre col proprio marchio i prodotti che vede avere maggior successo e può anche favorirli nei risultati di ricerca, strangolando la concorrenza.

L'Unione europea risulta oggi all'avanguardia nel tentativo di difendere i dati personali degli utenti; d'altro canto anche il governo americano sta studiando modi per diminuire lo strapotere delle corporation digitali in termini di controllo dei dati. È un dibattito tecnicamente complesso ma importante, che vale la pena di seguire con attenzione.

Musei e Web Analytics

Il mondo dell'arte e della cultura è stato, fino ad anni recenti, abbastanza refrattario all'uso delle analitiche, sia a livello di musei che di singoli artisti. Il motivo è che non ne aveva bisogno per sopravvivere. Infatti, in un modello in cui il museo vive grazie ai finanziamenti pubblici e gli artisti vendono tramite gallerie a piccoli circuiti di collezionisti, le conoscenze personali contano molto di più delle analisi dei dati.

Oggi l'intero modello sta cambiando, perché i musei ricevono sempre meno finanziamenti pubblici, e sono costretti a "mettersi sul mercato" adottando tecniche di marketing che fino a ieri avevano potuto trascurare. Se la sopravvivenza di un museo non dipende più dalla benevolenza dell'assessore alla cultura ma dal numero di biglietti venduti, è evidente che quel museo avrà un forte incentivo a valutare correttamente il rendimento delle proprie campagne pubblicitarie e i comportamenti del pubblico target. D'altro canto, anche il mercato dell'arte si sta modificando profondamente, con sempre più artisti che vendono online le proprie opere su grandi piattaforme come "Saatchi Art" e le promuovono direttamente sui social media senza l'intermediazione di una galleria d'arte tradizionale. Questo costringe anche gli artisti a familiarizzare con le tecniche di digital marketing, delle quali le *Web Analytics* sono uno degli aspetti fondamentali.

Per quanto riguarda i musei, è importante distinguere le varie analitiche a disposizione in due categorie: "on-site" e "online", a seconda che si svolgano in rete o all'interno del museo. È altresì importante notare come, con l'uso sempre più spinto del mobile, tali confini stiano sfumando sempre più.

Vedremo ora alcune delle più comuni analitiche online, ricordando che esse possono essere (con qualche difficoltà) integrate tra loro fino a raggiungere un livello elevato di sofisticazione.

Web Analytics: sono le analitiche sul sito web, che possono offrire indicazioni preziose sull'efficacia delle campagne di advertising online e sui contenuti più visti dai visitatori, oltre che sulle loro caratteristiche socio-demografiche; inoltre, per i musei che hanno implementato sistemi di e-commerce per vendere biglietti o merchandising, le Web Analytics sono decisive per ottimizzare il processo di vendita online.

Social Media Analytics: come già detto, tutte le piattaforme di social media, da Facebook e Instagram a YouTube e TikTok, offrono sistemi di monitoraggio che permettono di analizzare sia i propri post di maggior successo, sia di aggregare le caratteristiche e i gusti dei propri utenti attuali e potenziali, fino ad arrivare a risultati molto dettagliati, come ad esempio identificare il supermercato preferito dai giovani milanesi che amano i musei artistici.

Sentiment analysis: esistono sistemi automatici in grado di verificare in tempo reale le conversazioni che si svolgono sui social su un brand o un determinato argomento. Questi software non si accontentano di misurare quante volte viene citato un brand o un argomento, ma tentano anche di interpretare se la citazione viene fatta in un contesto positivo, negativo o neutrale; per questo viene definita *sentiment analysis* (analisi dei sentimenti). Anche se l'interpretazione automatica del contesto non è sempre affidabile, e molte delle conversazioni private non vengono monitorate, questi software sono comunque in grado di identificare delle macro-tendenze di una certa utilità.

Newsletter analytics: anche le campagne via newsletter (dette DEM, *Direct Email Marketing*) effettuate tramite piattaforme come Mailchimp offrono report completi in termini di mail aperte e link cliccati, con la possibilità di variare le azioni a seconda delle azioni dell'utente; ad esempio mandando un nuovo messaggio dopo qualche giorno solo a chi ha effettivamente letto il messaggio originale.

Per quanto riguarda le analitiche on-site, da molto tempo i musei cercano di capire come i visitatori si muovono nel museo, quali oggetti guardano di più e quali trascurano, quanto dura una visita media, ecc. Di solito questo viene ottenuto tramite l'utilizzo di osservatori umani, professionisti o volontari, che osservano per alcuni giorni il comportamento degli utenti e ne traggono delle conclusioni generali. Il digitale permette di rendere questo processo automatico e continuo, grazie soprattutto all'uso delle audioguide, che se basate su beacon (vedi capitolo sull'Internet of Things), possono tracciare la posizione degli utenti all'interno del museo. In questo modo si possono creare delle vere e proprie "mappe di calore" che permettono di capire subito le aree in cui i visitatori si fermano di più e quelle che tendono a ignorare.

Possiamo vedere tutte queste forme di analitiche come una conseguenza diretta del rapporto immediato tra musei e visitatori portato dal digitale: moltiplicando i punti di contatto diretto tra visitatori e musei (web, social, newsletter ecc.)

si aumentano i dati generati da questi incontri, dati che sono istantaneamente a disposizione delle istituzioni.

Eppure, nonostante questa grande disponibilità di dati e di metodi per raccoglierli, i musei, almeno quelli italiani, sembrano riluttanti a utilizzarli in modo strategico.

Nel febbraio 2022 abbiamo svolto un'indagine presso 60 musei italiani di diverse tipologie, grandezze e collocazioni geografiche per capire come venissero raccolte e utilizzate le analitiche. I risultati sono stati piuttosto interessanti: se da un lato i musei intervistati monitoravano con una certa regolarità molti dei loro canali digitali, dall'altro però tendevano a non utilizzare questi dati per orientare le proprie strategie.

Come si vede dal grafico, i musei tendono a valutare dal punto di vista strategico soprattutto i dati "hard" come il numero e la nazionalità dei visitatori reali del museo, o quelli facilmente visibili, come le interazioni sulla pagina Facebook. Sito web, altri social e utilizzo delle audioguide sono statistiche molto meno valutate o praticamente ignorate, a dimostrazione di un cammino ancora lungo da fare in questo campo.[2]

Vorremmo concludere questo capitolo sulle analitiche ricordando come anche in questo caso valga la prima legge di

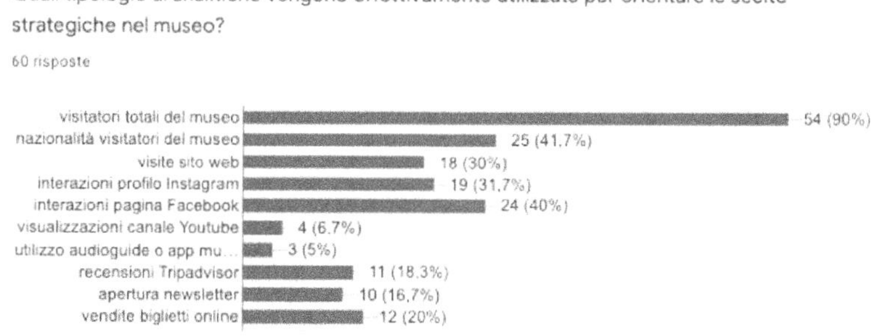

Figura 29 - Le analitiche maggiormente utilizzate dai musei italiani per orientare le proprie scelte strategiche

[2] Cfr. https://www.musei-it.com/post/musei-e-analytics-a-che-punto-siamo-in-italia.

Kranzberg, per cui "la tecnologia non è né buona né cattiva; non è neanche neutrale".[3] Infatti la diffusione della possibilità di misurare i comportamenti umani online (e anche offline) con tale precisione porta con sé anche delle conseguenze che non possiamo ignorare. Ne nasce infatti una "quantificazione" e una "matematizzazione" dei comportamenti umani che è profondamente funzionale alla sua monetizzazione successiva; non a caso i social vengono pagati dagli investitori (e compensano i creatori di contenuti) proprio sulla base delle analitiche. Una certa quantificazione del successo è sempre avvenuta, ma tendeva a succedere solo da un certo livello di notorietà in poi; oggi invece ognuno di noi è sottoposto ad una costante valutazione matematica del gradimento di una propria foto o di un proprio post, e ha la possibilità di valutare istantaneamente il successo degli altri. Le conseguenze di tipo psicologico e comportamentale di tutto questo non possono essere sottovalutate, né a livello individuale, né a livello di organizzazione. Quando un museo comincia a monitorare tutto ciò che fanno i propri visitatori online e offline, se da un lato otterrà dati preziosi per capire meglio il proprio pubblico e compiere la propria missione culturale, dall'altro deve stare attento a non farsi dominare dai numeri e ricordarsi che a volte un forte impatto non è matematicamente rilevabile. Mantenere l'apertura all'inaspettato e all'incommensurabile è necessità per chi opera nella magia della cultura.

RIFLETTI

Fai una panoramica degli strumenti digitali online usati dal tuo museo e verifica di quali di questi strumenti vengono raccolte le analitiche, e se tali analitiche vengono poi elaborate in un report. Il management del museo utilizza tali report per compiere decisioni strategiche?

[3] Melvin Kranzberg, *Technology and History: "Kranzberg's Laws"*, "Technology and Culture", 27 (1986), 3, p. 544-560.

Anche se in questo libro abbiamo sempre trattato tecnologie e concetti nati al di fuori del mondo museale, per poi vederne l'applicazione in ambito artistico-culturale, in questo caso dovremo fare un'eccezione, perché il concetto di museo virtuale nasce e si diffonde molto presto, suscitando dibattiti che non sono ancora sopiti.

Il termine museo virtuale nasce dalla convergenza di due fattori: da un lato l'impatto mediatico della realtà virtuale, che fa nascere forti aspettative sulla possibilità di creare una dimensione digitale in grado di imitare e sostituire la realtà stessa; dall'altro l'arrivo di CD-ROM multimediali e computer abbastanza potenti da poter visualizzare ambienti tridimensionali in grado di simulare una visita al museo.

Nel 1992, ad esempio, Apple produce un CD-ROM intitolato appunto *The Virtual Museum* in cui si possono esplorare stanze tridimensionali osservando oggetti appartenenti a vari ambiti artistici, scientifici e naturalistici.

Nel 1993 Microsoft, rivale di Apple, risponde pubblicando un CD-ROM che presenta le collezioni d'arte della National Gallery.[1]

A questo punto sono chiaramente delineati due modelli di museo virtuale, esistenti ancora oggi: uno volto a riproporre la copia digitale di un museo esistente (come l'esempio di Microsoft), l'altro che punta a creare un museo completamente nuovo, esistente solo digitalmente, le cui collezioni sono composte da immagini di quadri ed *exhibit* tratti da vari musei o creati

---

[1] Cfr. Mario Gerosa, *Come eravamo: le visite virtuali in cd-rom*, "Virtual Vernissage", 27 dicembre 2020, https://www.virtualvernissage.com/cd-rom-musei-virtuali.

digitalmente per l'occasione; il CD-ROM di Apple andava in questa seconda direzione.

Questa dicotomia si ripropone anche con l'arrivo dell'online. Come abbiamo visto, i primi ad affacciarsi sul web sono i musei scientifici, mentre i musei artistici sono più diffidenti, sia per mancanza di staff adeguatamente formato, sia per paura che le opere d'arte, una volta messe online, possano essere copiate ovunque e perdere l'"aura".[2]

Come spesso però accade con il digitale, dove le istituzioni tardano arrivano i privati. Nel 1994 un giovane francese lancia il sito "Web Louvre" in cui pubblica riproduzioni dei quadri del Louvre approfittando del fatto che il museo non ha ancora lanciato un proprio sito. Quando, oltre un anno dopo, il Louvre finalmente realizza il suo sito, il nome di "Web Louvre" originale viene modificato in un più generico "Web Museum".

Il sito del Louvre del 1995 propone un modello di "visita virtuale" che verrà molto imitato ed è diffuso ancora oggi.[3] Infatti, non potendo proporre ambienti tridimensionali a causa delle limitazioni della tecnologia web, il sito del Louvre si limita a mostrare l'immagine della mappa bidimensionale delle sale del museo; cliccando sulla mappa si accede all'elenco delle opere d'arte presenti in quella sala.

Questo modello di visita virtuale online rappresenta un primo tentativo di far entrare i visitatori web nel museo reale sfruttando la metafora spaziale. È un esperimento a bassa tecnologia, ma ad alto impatto concettuale, al punto che si apriranno dibattiti infiniti sull'opportunità o meno per i musei di creare copie virtuali di se stessi, per paura di andare a cannibalizzare le visite al museo reale (cosa che in verità le ricerche hanno smentito: ogni incremento di visitatori online per

---

[2] Giuliano Gaia et al., *Museum Websites of the First Wave: The rise of the virtual museum*, cit.

[3] Alcune pagine sono ancora visibili sul nostro sito http://www.invisiblestudio.it/louvre/home.htm.

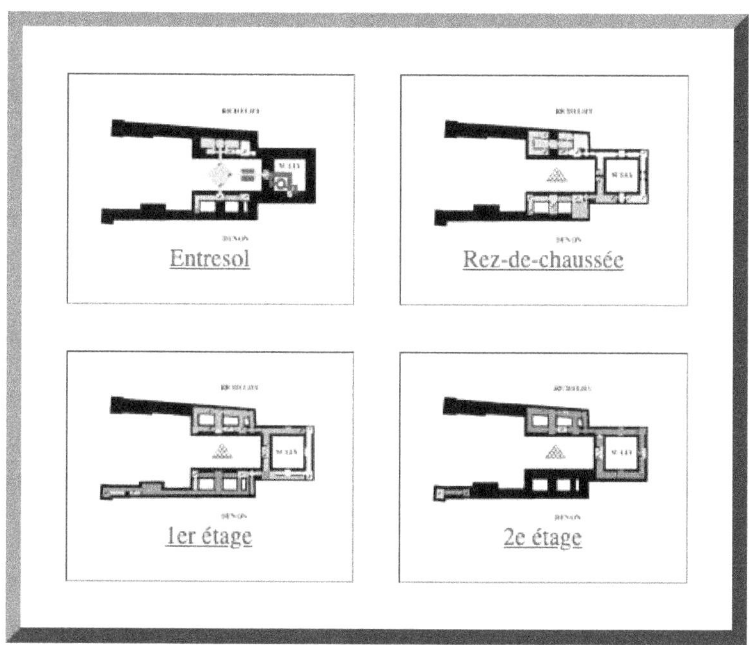

Figura 30 - Elenco delle sculture presenti nel piano rialzato del Louvre,
dal sito originale del 1995

un museo si traduce quasi sempre in un aumento di visitatori reali).

Un altro passo importante nella direzione del museo virtuale online viene compiuto nel 1999 dal Museo della Scienza e della Tecnologia di Milano con "Leonardo Virtuale", un progetto curato dall'autore di questo libro insieme al Politecnico di Milano. "Leonardo Virtuale" è una ricostruzione online in 3D dei chiostri del museo nel quale i visitatori possono entrare, vedere i rispettivi avatar, chattare tra loro, seguire visite guidate virtuali e azionare ricostruzioni delle macchine di Leonardo.[4]

[4] Giuliano Gaia et al., *Cooperative Visits for Museum WWW Sites*, April 1999, www.researchgate.net/publication/342106717_Cooperative_Visits_for_Museum_WWW_Sites.

"Leonardo Virtuale" è innovativo sotto molti aspetti: per la prima volta un museo si propone online in forma tridimensionale, e soprattutto accetta di essere popolato da visitatori virtuali in grado di interagire tra loro. "Leonardo Virtuale" rappresenta quindi un museo virtuale di tipo nuovo, in cui l'interazione tra esseri umani è incoraggiata al fine di evitare la solitudine della navigazione web e dell'esperienza digitale tradizionale.

Questo modello di museo online in 3D purtroppo si rivela tecnicamente troppo difficile da sviluppare e mantenere per le limitate risorse di un museo. Ostacolato da problemi tecnici legati all'immaturità delle tecnologie utilizzate e dalla lentezza delle connessioni di allora, "Leonardo Virtuale", pur avendo avuto una forte eco sia nel mondo museale che sui media (arrivando a essere citato sul "New York Times"), non riesce a decollare e dopo due anni viene messo offline. Se da un lato questa esperienza mostra la difficoltà che un museo può incontrare nello sperimentare le tecnologie più avanzate, dall'altro la costruzione di un modello in cui l'interazione sociale tra i visitatori è favorita risulta molto interessante.

In questo senso infatti "Leonardo Virtuale" anticipa di quattro anni la comparsa di Second Life, il più importante tra i mondi tridimensionali online dell'epoca.

Second Life, pubblicato nel 2003, è un vasto ambiente online in cui le persone possono costruirsi un avatar, comprare terreni virtuali grazie ai Linden Dollars (la moneta di Second Life, che però può essere acquistata con soldi reali), costruire case, arredarle, partecipare a eventi online e chattare e interagire con chiunque incontrino.

Second Life ha un grande successo nei primi anni della sua esistenza, al punto che numerosi artisti realizzano opere d'arte specifiche per esso, che a volte vengono anche esposte in musei reali. Inoltre alcuni musei e gallerie aprono una propria succursale all'interno di Second Life, mentre come è accaduto sul web, alcuni privati ricostruiscono musei reali senza collegamento con le istituzioni (è il caso del Second Louvre, opera di un privato).

Ecco che si delinea un terzo modello di museo virtuale: il museo che apre un proprio spazio all'interno di mondi virtuali preesistenti, evitando in questo modo i costi esorbitanti di sviluppo e popolamento di un proprio mondo virtuale, ma accettando al tempo stesso regole e proprietà intellettuali di terzi.

Uno dei tentativi più interessanti di sfruttamento di Second Life è stato il progetto "The Tech Virtual" realizzato dal Tech Museum di San José in California, un caso descritto ampiamente da Nina Simon nel suo libro *The Participatory Museum*.[5] Nel 2007 infatti il Tech Museum non si accontenta di creare una propria copia virtuale all'interno di Second Life, ma tenta di coinvolgere i visitatori virtuali nell'ideare prototipi di *exhibit* tecnologici da realizzare poi fisicamente all'interno del museo.

Figura 31 - Prototipo di Exhibit sulla musica realizzato nello spazio The Tech Virtual in Second Life

[5] Nina Simon, *The Participatory Museum*, Santa Cruz, Museum 2.0, 2010.

Il principio alla base del progetto è molto innovativo: dato che Second Life è un mondo nel quale i visitatori sono spinti a creare oggetti virtuali, il Tech Museum intende sfruttare questa propensione creativa per realizzare non solo oggetti virtuali, ma addirittura oggetti che abbiano un riflesso reale nel museo.

L'esperimento ha però un successo solo parziale; se da un lato infatti alcuni *exhibit* vengono effettivamente realizzati sulla base dei concept elaborati all'interno dello spazio virtuale, dall'altro lo staff incontra notevoli difficoltà a garantire una buona gestione della community e un adeguato supporto da parte del museo, al punto che il progetto viene presto abbandonato. Come nel caso di "Leonardo Virtuale", i musei si rivelano un ambiente favorevole alle sperimentazioni iniziali ma ostili ad un loro sviluppo più ampio, soprattutto a causa di carenze di tipo economico e organizzativo e per mancanza di mentalità imprenditoriale volta a massimizzare il successo di prototipi promettenti.

Figura 32 - La realizzazione fisica nel museo dell'exhibit progettato in The Tech Virtual

Second Life, pur essendo ancora attiva ai giorni nostri, cessa di essere un fenomeno di massa intorno agli anni Dieci del nostro secolo; ad oggi conta una community di utenti affezionati, ma la crescita tumultuosa degli inizi sembra terminata, anche se c'è chi ipotizza un luminoso futuro per Second Life nel cosiddetto metaverso, la realtà virtuale condivisa preconizzata da Mark Zuckerberg.

I mondi virtuali online di maggior successo sono oggi legati ai videogame (come ad esempio Fortnite o Minecraft), mentre un altro modo di intendere il museo virtuale si è fatto strada negli ultimi anni, grazie alla popolarità di un progetto di Google, lanciato nel 2011.

Google Arts&Culture riprende la modalità di visita virtuale che abbiamo visto sul primo sito del Louvre e la attualizza, rendendola tridimensionale e immersiva grazie ad una sofisticata tecnologia per scattare fotografie in 3D.

Il concetto non è nuovo (esistevano da tempo fotografie immersive in 3D realizzate ad esempio con QuickTime VR); ciò che è nuovo è la potenza di fuoco di Google, che in pochi anni crea una replica digitale gratuita ad alta fedeltà di molti musei nel mondo.

Ecco quindi una terza via al museo virtuale: la copia fotorealistica del museo, che ne compone un'istantanea digitale, relativa a un dato momento della sua storia. Google Arts&Culture ne è l'interprete più famoso, ma esistono numerose tecnologie che offrono lo stesso servizio. Ad esempio Matterport è una piattaforma nata in ambito immobiliare, che ha visto diverse applicazioni anche in campo museale.

Musei reali e musei virtuali

Abbiamo visto che esistono diversi modi in concorrenza tra loro di intendere il museo virtuale. Il fatto che non ci sia intesa su un unico significato del termine rende il dibattito sulla sua utilità per i musei molto confuso e spesso improduttivo. Proveremo quindi ora ad analizzare pregi e difetti di ognuno di questi modi di intendere il museo virtuale, senza sposarne a priori uno, ed elencando le modalità principali in ordine di complessità tecnologica.

1) *Il museo virtuale come sito web*, in cui immagini di opere organizzate su una mappa bidimensionale permettono l'esplorazione di un museo esistente o immaginario secondo la metafora geografica, come nel caso del primo sito del Louvre. Questa è storicamente l'accezione più antica, e ancora oggi una delle più utilizzate dai musei, essendo la più semplice da realizzare e aggiornare. Il vantaggio è l'economicità di produzione e realizzazione, e il fatto che sia facile da utilizzare anche da parte degli utenti meno dotati tecnologicamente o meno esperti. Lo svantaggio è che è il più lontano dall'offrire una "sensazione di visita" essendo poco diverso dal leggere una guida o guardare una mappa cartacea del museo.

2) *Il museo virtuale come riproduzione fotografica immersiva*, come in Google Arts&Culture o Matterport, rappresenta ad oggi un buon compromesso tra facilità di realizzazione ed efficacia emotiva di una visita tridimensionale nel museo reale. Le attuali fotocamere 3D permettono la realizzazione di ambienti di alta qualità che le nostre connessioni ad alta velocità e i nostri schermi sono in grado di visualizzare bene anche su smartphone e tablet. Esistono però dei difetti intrinseci a questo approccio. Un primo difetto è causato dal fatto che la navigazione non è sempre agevole o intuitiva; scorrere un elenco di fotografie di quadri o trovarli su una mappa 2D è spesso molto più rapido e agevole che cercarli muovendosi goffamente all'interno di stanze fotografate in 3D. Il secondo è che essendo un'istantanea fotografica del museo,

tende a invecchiare rapidamente; infatti i musei, anche se non ce ne rendiamo conto, sono organismi vivi, nei quali i quadri cambiano posizione, vengono prestati o restaurati, e intere gallerie vengono riallestite o create ex-novo. Spesso quindi le riproduzioni fotorealistiche tendono a mostrare un museo che non esiste più, almeno in quella forma. In questo senso, forse, la fotografia immersiva in 3D risulta più adatta a documentare le mostre temporanee piuttosto che le collezioni permanenti. È infatti possibile oggi per un museo realizzare facilmente un archivio visitabile di mostre temporanee in 3D, rendendole in qualche modo "eterne". Il terzo difetto è che, mentre la visita a un sito web è un'esperienza in cui la solitudine non conta molto, perché ci ricorda la lettura di un libro o di una rivista, l'esplorazione di un museo vuoto in 3D ci può far sentire molto soli, diventando rapidamente noiosa.

Per ovviare a tutto questo, quando l'11 marzo 2020 in collaborazione con il Museo Poldi Pezzoli abbiamo lanciato la prima visita virtuale al mondo durante la pandemia, tale visita è stata realizzata condividendo via Zoom una

Figura 33 - Schermata della prima visita virtuale in pandemia al Museo Poldi Pezzoli, 11 marzo 2020

riproduzione in 3D del museo su Google Arts & Culture. Così facendo i tre difetti prima evidenziati vengono parzialmente risolti; la navigazione nel museo è affidata alla guida, che è esperta sia del museo che del sistema; l'invecchiamento della fotografia viene evidenziato dalla guida stessa, segnalando ad esempio gli spostamenti dei quadri in altre aree, e soprattutto l'esperienza da solitaria diventa collettiva, grazie alla possibilità di interagire in tempo reale con la guida e gli altri utenti.[6]

3) *Il museo virtuale come artefatto 3D*, realizzato dal museo come nel caso di "Leonardo Virtuale" o riprodotto all'interno di piattaforme già esistenti come Second Life o Minecraft, è ancora oggi una delle frontiere più affascinanti e ricche di potenziale innovazione. I mondi artificiali in 3D permettono da un lato l'interazione umana in diretta (con altri utenti e con l'ambiente 3D), dall'altro permettono di realizzare musei completamente nuovi e inaspettati, andando anche oltre le leggi della fisica: nei mondi virtuali si può volare, attraversare i muri o vedere i quadri animarsi.

Il difetto è che lo sviluppo di sistemi autonomi, come abbiamo visto, è estremamente complesso; più semplice è affidarsi a piattaforme pre-esistenti per realizzare musei o mostre virtuali. Ad esempio a luglio 2020 è stata realizzata dagli studenti della laurea magistrale in Arte dell'Università IULM una mostra virtuale sugli artisti che avevano realizzato immagini o video sulla pandemia. La mostra, realizzata utilizzando una piattaforma chiamata Kunstmatrix, ha mostrato che è possibile realizzare mostre virtuali molto rapidamente, permettendo una ricognizione quasi "in tempo reale" sulla scena artistica

[6] Stefania Boiano, Giuliano Gaia, *Musei e visite virtuali: come salvaguardare l'elemento umano*, "Artribune", 09/04/2020, https://www.artribune. com/progettazione/new-media/2020/04/musei-visite-virtuali-coronavirus.

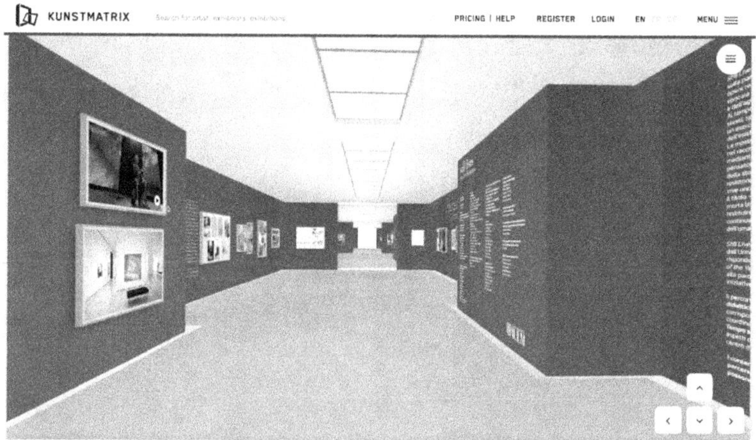

STILL LIVES. ARTE OLTRE L'EMERGENZA

Figura 34 - Immagine della mostra virtuale in 3D realizzata
dagli studenti dell'Università IULM nel 2020

contemporanea, con tempi che sarebbero stati impossibili per una mostra reale.[7]

Ancora una volta ci troviamo nel paradosso inevitabile del museo immediato: per creare un'esperienza "immersiva" istantaneamente e direttamente fruibile dai visitatori viene generata una copia digitale del museo, aggiungendo un livello di mediazione digitale nel rapporto visitatore-museo. Capire che questo livello di mediazione digitale è oramai inevitabile nella fruizione è un passo necessario per risolvere il conflitto tra reale e digitale.

Gran parte del dibattito sui musei virtuali si è infatti fondato su un equivoco: che i musei virtuali potessero sostituire i musei reali, o che aspirassero a farlo. Il punto di vista deve essere opposto: come i libri d'arte non puntano a rendere inutili i musei, ma anzi a valorizzarne e completarne la visita, così i musei e le mostre virtuali possono costituire un'interessante in-

---

[7] https://www.invisiblestudio.net/virtual-exhibition.

tegrazione della visita reale, e offrire un'alternativa a tutti quei pubblici che per distanza geografica o impossibilità fisica non sono in grado di visitare dal vivo il museo.

RIFLETTI

Il tuo museo ha già tentato di costruire una visita virtuale? Se sì, di quale tipologia, e con che risultati? Ha a disposizione fotografie immersive realizzate in passato? È possibile condividerle online o utilizzarle come "istantanea" di un passato non più esistente? Se potessi immaginarti un museo virtuale ideale, senza limiti di budget, quali caratteristiche vorresti che avesse? Che emozioni dovrebbe trasmettere?

Il 12 aprile 1994 i due coniugi americani Laurence Canter e Martha Spiegel rilasciano la prima campagna di spam commerciale su Internet, specificamente sul sistema di forum online Usenet, inviando in modo automatico a milioni di utenti lo stesso messaggio, che pubblicizza i loro servizi di consulenza per l'ottenimento della Green Card, l'ambito permesso di lavoro negli USA.

Anche se non è stata la prima volta che mail commerciali vengono inviate a molti indirizzi (il primo caso documentato risale addirittura al 1978 con l'invio di una promozione di computer a 393 utenti su Arpanet), possiamo definire il messaggio di Canter e Spiegel come il primo vero caso di spam per le seguenti caratteristiche:

1) utilizzo di un software per inviare automaticamente lo stesso messaggio a un numero enorme di utenti (diversi milioni);

2) nessuna targettizzazione: l'idea è la pesca nel mucchio, perché inviando un numero sufficientemente grande di messaggi, aumenta la possibilità che qualcuno abbocchi. Ovviamente il tutto funziona soltanto se il costo per inviare messaggi è prossimo allo zero, e ciò è permesso dalle caratteristiche tecnologiche della rete;

3) totale sprezzo delle regole di buona convivenza e della privacy del ricevente in nome dei risultati commerciali. Gli stessi Canter e Siegel, trovandosi oggetto di una furiosa reazione degli utenti della rete, rispondono che l'avrebbero fatto di nuovo, perché la resa economica era stata formidabile a fronte di pochi dollari di spesa, e addirittura pubblicano un libro spiegando come diventare ricchi utilizzando le loro tecniche di spam.

```
Path: gmd.de!xlink.net!rz.uni-karlsruhe.de!news.uni-stuttgart.de!news.be
From: nike@indirect.com (Laurence Canter)
Newsgroups: rec.juggling,us.legal
Subject: Green Card Lottery- Final One?
Date: 12 Apr 1994 08:12:17 GMT
Organization: Canter & Siegel
Lines: 34
Message-ID: <2od151$45t@herald.indirect.com>
NNTP-Posting-Host: id1.indirect.com

Green Card Lottery 1994 May Be The Last One!
THE DEADLINE HAS BEEN ANNOUNCED.

The Green Card Lottery is a completely legal program giving away a
certain annual allotment of Green Cards to persons born in certain
countries. The lottery program was scheduled to continue on a
permanent basis.  However, recently, Senator Alan J Simpson
introduced a bill into the U. S. Congress which could end any future
lotteries. THE 1994 LOTTERY IS SCHEDULED TO TAKE PLACE
SOON, BUT IT MAY BE THE VERY LAST ONE.

PERSONS BORN IN MOST COUNTRIES QUALIFY, MANY FOR
FIRST TIME.

The only countries NOT qualifying  are: Mexico; India; P.R. China;
Taiwan, Philippines, North Korea, Canada, United Kingdom (except
Northern Ireland), Jamaica, Domican Republic, El Salvador and
Vietnam.

Lottery registration will take place soon.  55,000 Green Cards will be
given to those who register correctly.  NO JOB IS REQUIRED.

THERE IS A STRICT JUNE DEADLINE. THE TIME TO START IS
NOW!!

For FREE information via Email, send request to
cslaw@indirect.com


--
*****************************************************************
Canter & Siegel, Immigration Attorneys
3333 E Camelback Road, Ste 250, Phoenix AZ  85018  USA
cslaw@indirect.com    telephone (602)661-3911  Fax (602) 451-7617
```

Figura 35 - Il primo messaggio di spam da parte di Canter&Spiegel (1994)

La parola *spam* (che indica una marca di carne in scatola simile alla *Simmenthal*) deriva da uno sketch del 1970 del gruppo di comici surreali inglesi *Monty Python*, in cui una cameriera di un bar propone a due clienti sempre più insistentemente di ordinare dello spam, fino a che la parola spam, urlata anche dagli altri clienti del locale, prende il sopravvento distruggendo ogni possibilità di conversazione.

Similmente, oggi lo spam è cresciuto al punto da costituire più della metà dei messaggi e-mail inviati globalmente,[1] allar-

[1] https://www.statista.com/statistics/420391/spam-email-traffic-share.

gandosi anche oltre i confini della legalità con operazioni di truffe online e mail che cercano di carpire i dati sensibili degli utenti spacciandosi per mail bancarie (il cosiddetto *phishing*).

Inoltre spesso virus e spam si legano tra loro in un circolo vizioso per cui un virus infetta un computer o penetra in una mailbox per farne una base di rilancio di spam verso altri utenti o altri computer, creando vere e proprie reti di computer infettati dette *zombienet*, perché ricordano armate di zombie eterocomandati e altrettanto pericolosi.

Infine, il crollo del costo delle telefonate e la diffusione di software in grado di sostenere conversazioni audio ha generato un nuovo spam telefonico gestito da bot in grado di effettuare migliaia di telefonate automatiche al giorno.

Come sempre nella storia della tecnologia, insomma, nessun pasto è gratis, e le caratteristiche che rendono Internet così utile (automatizzazione, abbattimento delle barriere fisiche ed economiche della comunicazione, possibilità di condivisione) sono le stesse che permettono la diffusione di comportamenti socialmente dannosi o apertamente illegali.

I musei e lo spam

Nell'era del rapporto immediato tra musei e il resto del mondo digitale, lo spam pone ovviamente molti problemi ai musei, da un lato riempiendo le caselle e-mail dello staff di posta indesiderata in cui possono annegare le richieste legittime dei visitatori, dall'altro rendendo meno efficaci le newsletter: i sistemi antispam dei principali sistemi di posta tendono infatti a bloccare una percentuale significativa di newsletter a cui si è legittimamente iscritti.

Esistono diversi modi per ridurre questi problemi, come verificare che il proprio provider di posta abbia adeguati sistemi antispam, non diffondere mai indirizzi mail in chiaro sulla rete, per evitare che possano essere raccolti dagli spammer e inseriti nei loro elenchi, usare i plugin antispam nel proprio sito web per filtrare i messaggi, inviare le proprie newsletter tramite sistemi affermati come Mailchimp o MailUp piuttosto che con soluzioni "fai da te", e infine curare la propria sicurezza informatica, ad esempio aggiornando spesso i software e usando password sicure, per evitare che elenchi di indirizzi mail in proprio possesso possano essere trafugati da malintenzionati.

Occorre però che i musei si interroghino a livello più profondo sul tema dello spam. Lo spam infatti è solo l'aspetto più visibile di un problema gigantesco della nostra società: l'*information overload*, il sovraccarico informativo cui il nostro cervello è costantemente sottoposto dalla società digitale. In questo senso non esiste una sostanziale differenza tra le migliaia di mail che affollano le nostre caselle e i flussi senza fine di post nei social, la moltiplicazione di notifiche sullo smartphone e l'affollamento visivo di messaggi pubblicitari che caratterizzano le nostre città.

I musei dovrebbero quindi cercare di porsi come luoghi di riposo da questo continuo attacco informativo; dovrebbero creare ambienti rilassanti, tranquilli, "vuoti", dove trovare finalmente occasioni di silenzio e contemplazione. Questo non vuol dire rinunciare alla propria funzione didattica, ma sforzarsi di evitare l'affollamento di messaggi che a volte caratterizzano alcuni musei; è stato calcolato ad esempio che la lettura di tutte le didascalie e i pannelli presenti in un museo medio comporterebbero molte ore di lettura da parte dei visitatori. Permettere l'approfondimento evitando l'affollamento informativo non è una sfida facile, ma è assolutamente necessaria perché i musei possano favorire lo scoccare di scintille nuove all'interno di menti finalmente sgombre dall'attacco quotidiano dello spam, culturale o meno.

RIFLETTI

Il tuo museo rispecchia, nell'allestimento delle gallerie e nei suoi canali di comunicazione digitali e non, i principi dell'"ecologia della mente" per non sovraccaricare il visitatore di stimoli inutili? La sensazione principale entrando al museo o aprendo il sito è affaticamento o relax? E cosa potresti eliminare per ridurre il rumore di fondo e favorire il *silenzio creativo*?

I primi anni del web sono caratterizzati da una crescita esplosiva del numero di siti e da un rapido miglioramento dei browser, i programmi per navigare nel web, che diventano in grado di visualizzare immagini e layout di pagine web sempre più complessi, permettendo di superare l'estetica primitiva dei primi siti. Il web diviene quindi sempre più visuale e piacevole da navigare.

Nel 1994 Marc Andreessen lascia l'università per fondare una società in California al fine di sviluppare Netscape Navigator, un nuovo browser che diventa rapidamente il più diffuso della rete.

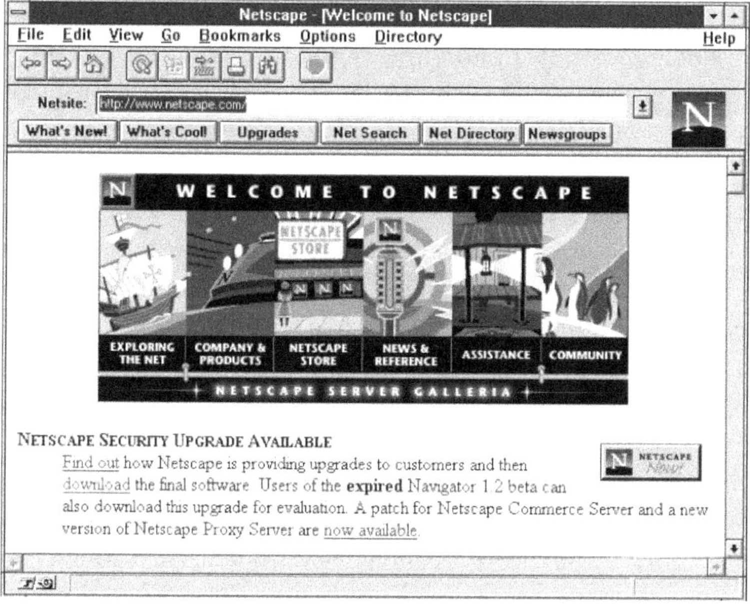

Figura 36 - Schermata di Netscape 1.2 del 1995

Netscape porta molte innovazioni nel mondo del web, come:

- i *cookies*, che segnalano quando un determinato utente ha già visitato un sito, permettendo quindi la creazione di aree ad accesso riservato, indispensabili per applicazioni come la webmail o i social network, e favorendo la pubblicità online mirata sul cliente, con inevitabili implicazioni di privacy;
- il JavaScript, che aggiunto alle pagine HTML fa eseguire al browser piccoli programmi (detti script). Javascript si è man mano evoluto fino a diventare un vero e proprio linguaggio di programmazione molto potente, su cui si basano molti siti di oggi, come Facebook o Google Drive;
- infine, Netscape implementa per primo il protocollo di sicurezza HTTPS che fornisce una connessione sicura tra un utente e un sito, permettendo la trasmissione di dati sensibili come i numeri di carta di credito, aprendo così la strada allo sviluppo del commercio elettronico.

Nel luglio 1995, infatti, un giovane imprenditore, Jeff Bezos, capisce che grazie alla semplicità d'uso del web e ai protocolli di sicurezza creati da Netscape il mondo è oramai pronto per aprirsi al commercio elettronico, e fonda a Seattle un'azienda di vendita di libri esclusivamente online, Amazon.com.

Jeff Bezos non è il primo a tentare la via del commercio elettronico; forse però è stato il primo a farlo con una visione davvero ampia, puntando fin dall'inizio a creare un mercato globale, in cui vendere dal software agli spazzolini da denti. Dovendo cominciare da qualche parte, però, decide di iniziare dalla vendita dei libri, perché i libri costituiscono un bene ideale per il commercio elettronico: sono oggetti durevoli, facili da trasportare ed estremamente diversificati tra loro. Non a caso il primo logo di Amazon ha come slogan "La più grande libreria del mondo", con oltre un milione di titoli presenti nei suoi scaffali virtuali, cosa che nessuna libreria fisica potrà mai permettersi.

Figura 37 - La prima home page di Amazon
"Earth's biggest bookstore", luglio 1995

Gli ingredienti base del successo di Amazon sono presenti fin dai primi anni, e cioè:

1) un *catalogo* enorme, che copre quasi ogni categoria di prodotto;

2) un'ottima *indicizzazione* su Google, che fa emergere l'offerta di Amazon quasi sempre ai primi posti nelle ricerche degli utenti;

3) una *logistica* eccellente basata su una rete di depositi altamente tecnologizzati che permettono una rapida gestione degli ordini e delle consegne;

4) un *motore di raccomandazioni* molto efficace, che grazie alla comparazione dei dati di acquisto tra utenti permette ad Amazon di suggerire acquisti in modo spesso molto indovinato;

5) una grande quantità di *recensioni* che integrano le informazioni base del prodotto e spesso orientano la scelta più delle descrizioni offerte dal venditore stesso.

Tali ingredienti si manterranno negli anni, anche quando nel 1998 Amazon aprirà le vendite ai CD e DVD e successivamente a tutte le categorie merceologiche, comprese quelle digitali, dagli e-book con il Kindle ad Amazon Prime per i film in streaming.

Parlando di Amazon non possiamo ignorarne anche gli aspetti controversi, legati alle politiche di gestione del personale, ad alcune pratiche commerciali e di gestione dei dati degli utenti e alla preoccupazione che si stia creando un monopolio, dato che Amazon da sola nel 2020 ha realizzato oltre il 50% delle vendite online negli USA, ed è 10 volte più grande del suo più vicino concorrente. Il problema non è solo legato ad Amazon: il digitale infatti tende a favorire le concentrazioni, dato che offre enormi vantaggi a chi possiede le piattaforme e i dati delle persone che le usano, come dimostrano i casi di Google, Facebook e Wechat in Cina. Nonostante questo, va notato come dalla Cina stiano arrivando in Europa nuovi, temibili concorrenti per Amazon, come Shein e Temu.

I musei e l'e-commerce

In Italia nel 2019, secondo il Ministero della cultura, solo il 24% delle strutture museali statali aveva un bookshop fisico e appena il 5% un bookshop online.[1] Queste cifre bassissime risaltano in un contesto generale in cui l'e-commerce è invece in crescita costante.

Eppure, per non dare tutta la colpa ai musei, bisogna notare come, secondo un'indagine Confartigianato, su 400 piccole imprese solo il 12% è attivo sul web e vende direttamente online;

[1] Ministero per i beni e le attività culturali e per il turismo. Direzione generale Musei, *La gestione dei servizi per il pubblico presso gli Istituti e i Luoghi della cultura statali*, Roma, 2020, http://musei.beniculturali.it/wp-content/uploads/2020/07/Rapporto-annuale-2019.pdf.

il 72% è attivo sul web – attraverso un sito aziendale o i profili sui social network – ma non vende online, mentre il 16% non è neppure presente sul web.[2]

Se paragoniamo i musei a delle piccole imprese, dato che il numero di dipendenti è spesso simile, possiamo quindi notare come il dato museale sia in linea con quello generale delle aziende italiane, ancora abbastanza restie a investire nell'e-commerce, nonostante anche in Italia il pubblico sia sempre più propenso ad acquistare online. Bisognerà attendere i prossimi anni per capire se lo shock causato dal Covid avrà spinto più aziende (e musei) a rivolgersi al commercio elettronico come canale non più marginale ma necessario.

Come possono oggi i musei sfruttare efficacemente il commercio elettronico?

Se definiamo l'e-commerce come "tutte le transazioni online in cui un pagamento viene effettuato o modificato",[3] allora i musei possono usare l'e-commerce in diverse aree, quali:

1) la vendita di biglietti per collezioni permanenti, mostre temporanee, eventi, visite guidate;
2) i servizi quali audio e video guide, diritti di riproduzione delle immagini, affitto di spazi o opere;
3) gli oggetti come gadget, libri, opere artistiche fisiche o digitali;
4) il fundraising tramite membership e donazioni;
5) le registrazioni a corsi, workshop, seminari e conferenze.

Vediamo allora nel dettaglio questi cinque ambiti e come l'e-commerce può funzionare per ciascuno di loro.

---

[2] https://www.netstrategy.it/ecommerce/statistiche-e-commerce-2019-in-italia-quali-sono-le-tendenze.

[3] Scott Sayre et al., *Extending the E-Commerce experience: Lessons learned and the questions that remain*, "MW 17", January 31, 2017, https://mw17.mwconf.org/paper/extending-the-e-commerce-experience-lessons-learned-and-the-questions-that-remain.

I biglietti rappresentano il bene più ovvio da vendere online per un museo, dato che possono essere trasformati in voucher digitali e spediti via mail, eliminando quindi ogni problema di consegna.

Inoltre diversi musei usano servizi esterni che gestiscono la vendita dei biglietti, servizi che comprendono anche moduli web per la vendita online di biglietti elettronici. La vendita online dei biglietti offre importanti vantaggi, permettendo la programmazione dei flussi e la riduzione delle code in cassa, e fornisce anche analitiche preziose sulla provenienza dei visitatori, dati molto più difficili da recuperare con la vendita dei biglietti in cassa.

Tra i vari servizi che il museo può vendere online uno dei più interessanti, a nostro parere, è la vendita dei diritti sulle immagini delle opere. La possibilità di ottenere online a basso prezzo immagini ad alta qualità per usi commerciali (gli usi non-profit ed educativi dovrebbero essere sempre liberi) potenzierebbe senz'altro questa attività con vantaggi per i musei in termini economici e di visibilità, con il valore aggiunto di diffondere immagini culturali presso nuove fasce di pubblico. Non a caso molti grandi musei inglesi e americani stanno costruendo grandi database di immagini scaricabili e licenziabili online; altri si appoggiano a operatori privati come ad esempio gli Archivi Scala con sede a Firenze.

Infine ci sono musei, come il Rijksmuseum di Amsterdam, che hanno scelto di mettere a disposizione le loro immagini gratuitamente per qualunque applicazione, anche commerciale, ritenendolo parte della *mission* del museo.

Una visita allo shop costituisce oggi un importante complemento della visita ad un museo reale. Parallelamente, uno shop online fornito, usabile ed efficiente può risultare uno strumento efficace per "agganciare" l'utente anche al di fuori del contesto della visita, integrandosi bene con lo shop fisico. Prima di aprire uno shop però il museo deve essere in grado di gestire la parte più complessa di un e-commerce di oggetti fisici, e cioè la logistica. La rapidità e precisione di gestione dell'ordine, delle consegne e degli eventuali resi è centrale per il successo di un e-commerce ed è un fattore purtroppo spesso sottovalutato.

Nel 2015 il Walker Art Center di Minneapolis ha provato ad aggiungere al proprio shop, accanto ai classici libri e gadget, anche "oggetti intangibili" sviluppati da artisti, come messaggi creativi per segreterie telefoniche, set di foto per Snapchat ecc.[4] L'iniziativa ha avuto una vasta eco sulla stampa ma non deve aver raggiunto volumi sufficienti di vendita, dato che oggi non si trova più traccia di questi oggetti nello shop online del museo.

Fundraising

Donazioni (anche micro-donazioni), crowdsourcing e soprattutto membership sono modalità di auto-finanziamento storicamente poco sfruttate in Italia, sia online che offline. Nei paesi anglosassoni invece le membership sono una parte molto importante della vita museale, sia in termini di raccolta fondi che di costruzione di lealtà verso l'istituzione all'interno della comunità. L'online può rendere molto più semplice sia la gestione delle membership, sia la raccolta di donazioni in risposta a campagne di DEM (*Direct E-mail Marketing*).

[4] Liz Stinson, *A Gift Shop That Sells Snapchats, Avatars and Voicemail*, "Wired", May 1, 2015, https://www.wired.com/2015/05/walker-art-center-intangibles.

I musei sempre più si propongono come luoghi vivi e dinamici, ricchi di iniziative, workshop, corsi e conferenze. La registrazione e il pagamento anticipato online di questi corsi permette sia una migliore programmazione e gestione del pubblico, sia la possibilità di sfruttare gli indirizzi raccolti per future promozioni.

Il museo è dunque sempre più immediato anche nei rapporti commerciali con i propri visitatori, offrendosi come strumento diretto di soddisfacimento istantaneo di un bisogno, quello di "possedere" parte delle collezioni, o di effettuare esperienze al museo, dalla semplice visita agli eventi.

Un aspetto importante da sottolineare è che esistono sistemi professionali facilmente attivabili e utilizzabili per ognuno degli ambiti sopra citati, sistemi che gestiscono sia i "clienti" che i pagamenti in totale sicurezza, in cambio di percentuali solitamente ragionevoli. A parte i software di biglietteria online, infatti, è possibile usare software online come Eventbrite per la gestione degli eventi, Paypal per la raccolta delle donazioni, oltre a numerosi software per la gestione delle membership e piattaforme di e-commerce (compresa la stessa Amazon) per le vendite online, con formule che a volte comprendono anche l'immagazzinaggio e la spedizione degli oggetti. In altre parole, è possibile oggi per un museo sperimentare con poca spesa questi strumenti per verificare quali funzionino meglio. Il digitale infatti è un ambito che permette di sperimentare velocemente e fallire a basso costo.

Non solo: sempre più social si propongono come canali di vendita diretta, soprattutto Instagram e Pinterest. Anche se al momento le vendite dirette via social media sono ancora una piccola percentuale sul totale delle vendite online (meno del 5% secondo Statista), il trend del cosiddetto *social commerce* appare in crescita costante e come tale da tenere d'occhio per i musei.

Più in generale è importante, secondo noi, considerare tutto l'ambito dello shop e del merchandising come una grande occasione culturale, non solo di raccolta fondi. Lo shop è oggi l'indispensabile complemento della visita al museo, sia dal vivo che online; aumentare la "permanenza" di una visita culturale nella mente e nella casa del visitatore dovrebbe essere un obiettivo che il museo dovrebbe perseguire, perché parte rilevante della propria *mission*.

RIFLETTI

Il tuo museo ha aspetti che potrebbero essere facilmente sperimentati online? Ha ad esempio uno shop fornito e funzionante? O molti libri legati al suo tema che potrebbero essere proposti esclusivamente online? Ha una ricca attività di workshop che potrebbe giovarsi di una registrazione online? Ha intenzione di sperimentare piccole campagne di crowdfunding verso il proprio pubblico? Come si potrebbe usare lo shop per migliorare l'esperienza culturale del tuo visitatore?

La crescita di Internet negli anni Novanta è tumultuosa: gli utenti superano i 70 milioni nel 1997. A parte la posta elettronica, il servizio Internet di maggior successo è senz'altro il World Wide Web, che passa dal primo sito del web (quello del CERN) a oltre 1 milione di siti nel 1997.[1]

A questo punto si pone però un grave problema, che rischia di strangolare la crescita della rete: come non perdersi all'interno di questo oceano di informazioni? Come distinguere le informazioni di qualità da quelle non aggiornate, sbagliate o volutamente false?

Occorre realizzare un "motore di ricerca" che in modo automatico segua l'evoluzione della rete e fornisca informazioni in modo efficiente. Un software in grado di evolvere rapidamente come la rete, seguendone in tempo reale crescita e modifiche, di interpretare correttamente le ricerche degli utenti, in tutte le lingue, e di restituire velocemente risultati appropriati alle richieste.

Nei primi anni Novanta avvengono diversi tentativi di sviluppare motori di ricerca per Internet (ad esempio Archie o Veronica), ma il più interessante motore di ricerca dedicato al World Wide Web si chiama Webcrawler, realizzato nel gennaio 1994 da Brian Pinkerton, uno studente dell'Università di Washington.

Per quanto ancora rudimentale e inefficiente, Webcrawler contiene già tutti gli ingredienti base dei motori di ricerca, e permette ricerche su tutto il contenuto delle pagine web, e non solo sui titoli delle pagine come gli altri motori di ricerca dell'epoca.

---

[1] https://www.internetlivestats.com/total-number-of-websites.

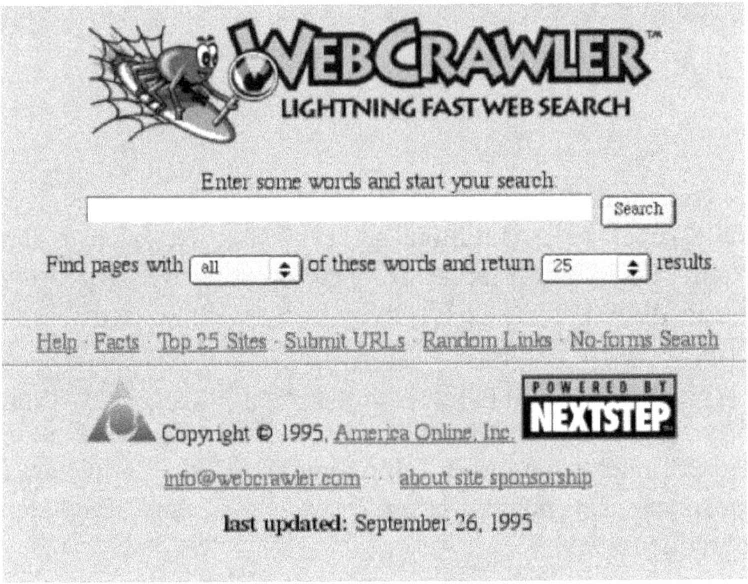

Figura 38 - Schermata di Webcrawler nel 1995

Proviamo a studiare i componenti base di un motore di ricerca osservando questo schema tratto dal *paper* di presentazione originale di Webcrawler.[2] Studiare la storia offre infatti un grande vantaggio: osservando una tecnologia allo stato nascente è possibile distinguerne con chiarezza i componenti fondamentali, che nello sviluppo successivo diverranno sempre meno visibili e confusi sotto altri elementi.

Approfondiamo dunque gli ingredienti base di un motore di ricerca:

---

[2] Brian Pinkerton, *Finding What People Want: Experiences with the WebCrawler*, 1994, http://www.thinkpink.com/bp/WebCrawler/WWW94.html. Va notato che l'unico componente oggi non più utilizzato è LibWWW, che era una libreria di componenti software dei browser prodotta da Tim Berners-Lee nella sua versione originale del WWW e successivamente abbandonata.

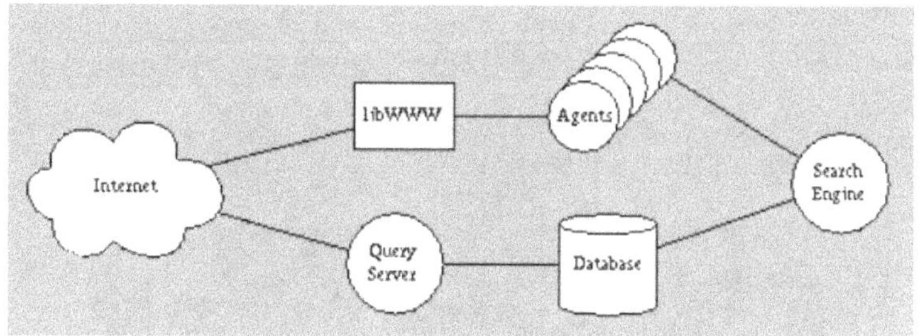

Figura 39 - Componenti di Webcrawler
(dal paper di presentazione alla WWW conference nel 1994)

1) Il motore di ricerca (*search engine*) è il cuore del sistema, il software che gestisce tutte le componenti del sistema, come se fosse il regista di un film.

2) Gli agenti sono programmi che vanno alla caccia di informazioni nel web, navigando di link in link e scaricando il contenuto testuale delle pagine che incontrano, insieme ad altri dati (il titolo della pagina, il nome del file ecc.).

3) I dati scaricati dagli agenti vengono salvati in un database che contiene in sé una "fotografia" del web, costruita in modo da essere bene organizzata, facilmente ricercabile e costantemente aggiornata dagli agenti.

4) Gli utenti si connettono tramite Internet a un sistema di gestione delle ricerche (*query server*) che si occupa di interpretare le richieste degli utenti ed effettuare le ricerche nel database in modo da offrire una serie di risultati il più possibile pertinenti.

I componenti base sono rimasti gli stessi, ovviamente con server e algoritmi immensamente più potenti, e ancora oggi i motori di ricerca utilizzano degli agenti, detti *spider* (ragni), che percorrono il web (la "ragnatela") catturando contenuti e salvandoli in database, che gli utenti interrogano tramite i *query server* che trovano sui siti dei motori.

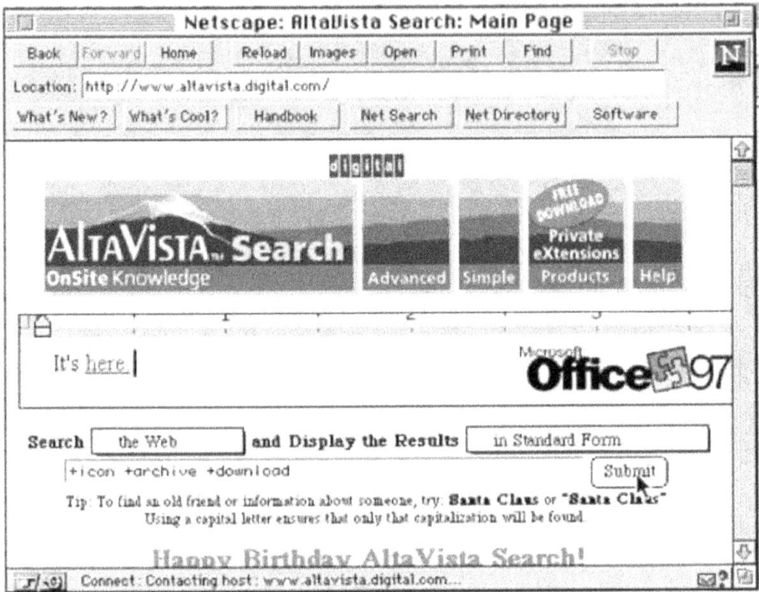

Figura 40 - La schermata iniziale di Altavista negli anni Novanta

Su questo meccanismo di base intorno alla metà degli anni Novanta vengono creati altri motori di ricerca, il più popolare dei quali si chiama Altavista. Sviluppato nei laboratori della Digital Equipment Corporation, Altavista è più potente ed efficiente dei concorrenti, anche se è comunque piuttosto lento e raramente offre risultati davvero soddisfacenti alle ricerche. È basato principalmente sull'analisi delle parole chiave presenti in una pagina web, per cui se si cerca "museo di arte contemporanea" il motore riporta le pagine in cui appare più volte quella frase.

Il problema di questo criterio di ricerca è che non riesce a distinguere la qualità dei siti che propone. Dal punto di vista delle parole chiave, infatti, un sito fatto da uno studente sull'arte contemporanea e quello del MOMA di New York sono equivalenti; tutto dipende da quante volte viene citata la parola chiave sui rispettivi siti. I programmatori di Altavista cercano di proporre una serie di correttivi, senza però mai riuscire a scoprire la soluzione per risolvere davvero il problema.

Ci riusciranno invece due studenti di Stanford: Larry Page e Sergey Brin.

Leggenda vuole che, quando si incontrano per la prima volta a Stanford, i due futuri fondatori di Google non si apprezzino a vicenda, essendo entrambi troppo intelligenti e arroganti per non fare scintille. In realtà ben presto i due iniziano a collaborare su una tesi di dottorato per un motore di ricerca basato su una nuova ipotesi di lavoro che si rivelerà vincente.

L'ipotesi è questa: la chiave per capire il valore dei siti non è tanto il contenuto delle pagine, quanto i link. Come il valore di un articolo accademico è dato dalla quantità di altri articoli che lo citano, così il valore di un sito è dato dalla quantità e qualità dei siti che lo linkano. Per usare le parole di Larry Page:

> Era piuttosto chiaro a me e al resto del team che avere un modo di ordinare le pagine basato non tanto su ciò che una pagina dice di se stessa, ma su ciò che il resto del mondo pensa di quella pagina, sarebbe stato molto prezioso per la ricerca.[3]

Grazie a questo principio l'algoritmo di Google si rivela immediatamente molto più efficace di tutti gli altri esistenti al tempo, incluso Altavista.

Il 15 settembre 1997 è una data importante per la storia di Internet: viene registrato il dominio google.com, destinato a diventare rapidamente il sito più visitato al mondo.[4]

Il nome "Google" è una leggera storpiatura di "googol", termine che descrive un numero gigantesco (1 seguito da 100 zeri) a

---

[3] Steven Levy, *In the Plex*, 2nd edition, New York, Simon & Schuster, 2021, p. 18.

[4] Sull'ascesa della popolarità di Google vedi l'affascinante video https://www.youtube.com/watch?v=2Uj1A9AguFs.

Figura 41 - La prima home page di Google (1997)

indicare che il motore di ricerca avrebbe gestito enormi quantità di dati.

Mettendo a confronto su Internet Archive la home page di Google con quella contemporanea di Altavista si notano subito alcuni particolari, molto importanti per capire il successo di Google.

1) La pulizia: la schermata di Google risulta piuttosto agile e leggera, e presto lo diventerà ancora di più, quando Brin e Page elimineranno il modulo della newsletter e ridurranno ulteriormente le informazioni.

2) L'importanza data alla ricerca: non ci sono dubbi per l'utente, la maschera di ricerca è ciò che conta, ed è in posizione dominante, appena sotto il logo.

3) La mancanza di pubblicità, a differenza di Altavista che dedica la maggior parte dello schermo a banner pubblicitari molto invasivi. La filosofia di Brin e Page infatti è "dobbiamo innanzitutto costruire un servizio perfetto per gli utenti, dopo capiremo come monetizzarlo". Lo capiranno nel 2000, talmente bene che Google diventerà

la prima Internet company a realizzare fatturati giganteschi da un servizio puramente online.

Nel 2000 infatti Google lancia Google Adwords (oggi Google Ads), un sistema di pubblicità contestuale che offre all'utente pubblicità basate sulle sue ricerche e non generici banner. In questo modo gli annunci pubblicitari migliorano molto la propria rilevanza per l'utente, essendo basati sul suo specifico interesse in quel momento; inoltre un rivoluzionario sistema di pagamento "ad asta" per cui si pagano le parole chiave più ricercate dagli utenti apre la pubblicità online a clienti di ogni budget, dalle grandi corporation a singoli individui con pochi dollari, dato che il sistema è molto flessibile e permette di organizzare campagne con qualunque tipo di disponibilità economica.

Oggi Google ha il monopolio sulla ricerca sul web, al punto da essere di fatto la "finestra sul web" per la maggior parte degli utenti. Inoltre, grazie al continuo ampliamento di servizi gratuiti all'utente, da Gmail a Google Maps fino al mondo Google Drive e ai programmi collegati (che costituiscono un'alternativa a Microsoft Office), Google è in grado di dominare gran parte della vita online di un utente, eccezion fatta per i social network. Questo significa possedere una gigantesca mole di dati su ognuno di noi, dati che vengono gestiti con una politica di privacy quantomeno opaca. Non solo: Yasha Levine, nel libro *Surveillance Valley: The Secret Military History of the Internet*, riporta diversi casi in cui Google avrebbe utilizzato questi dati in collaborazione con la CIA e il governo americano per effettuare un vero e proprio "spionaggio elettronico" dell'attività di privati cittadini, americani e non solo.[5] Il fatto che pochissime grandi corporation siano oggi in grado di controllare la quasi totalità delle nostre informazioni più intime e di usarle quasi

---

[5] Yasha Levine, *Surveillance Valley: The Secret Military History of the Internet*, New York, Public Affairs, 2018, p. 180-248.

a loro piacimento rappresenta uno dei più grandi temi su cui riflettere a questo punto della rivoluzione digitale.[6]

I musei e Google

Parlando con lo staff di comunicazione di molti musei, si avverte a volte un certo disinteresse verso l'ottimizzazione per i motori di ricerca[7] (SEO: *search engine optimization*). Questo può essere dovuto a diversi fattori, che elenchiamo di seguito.

1) Il SEO è considerato un argomento piuttosto difficile, molto tecnico e in continua variazione.

2) I siti web soffrono di un certo calo di attenzione rispetto ad esempio ai social, complice il fatto che, a differenza dei social, i visitatori dei siti non si vedono in faccia, come avevamo notato nel capitolo sul World Wide Web.

3) Manca una vera "ambizione" verso Google; per la maggior parte dei musei è sufficiente apparire al primo posto quando si digita il nome del museo (bisogna ricordare che fino a qualche anno fa non era un risultato garantito neppure questo; il sito ufficiale degli Uffizi, ad esempio, solo recentemente ha raggiunto il primo posto nella parola chiave "Uffizi").

4) Il SEO è stato purtroppo campo di attività di molti ciarlatani che hanno offerto costose ricette "miracolose" per raggiungere rapidamente i primi posti su Google senza far capire che il SEO è una strategia di lunga durata, che

---

[6] Vedi ad esempio l'importante libro di Shoshana Zuboff, *Il capitalismo della sorveglianza. Il futuro dell'umanità nell'era dei nuovi poteri*, Roma, Luiss University Press, 2019.

[7] Secondo una ricerca dell'Osservatorio dell'Innovazione Digitale dei Beni e delle Attività Culturali, solo il 21% dei musei svolgerebbe attività di SEO: https://digitallibrary.cultura.gov.it/notizie/3440.

richiede tempo, pazienza e una conoscenza molto chiara dell'obiettivo finale.

Questi fattori sono certamente significativi e da tenere in conto, ma ciò che vogliamo ribadire è che per un museo le tecnologie sono interessanti soprattutto in quanto permettono di stabilire un rapporto più profondo e autentico con il proprio pubblico, attuale e potenziale.

In quest'ottica il SEO non è soltanto uno strumento di marketing, per quanto importante, ma è un modo per approfondire la conoscenza dei desideri e dei bisogni dei visitatori. Interrogando i motori di ricerca i visitatori esprimono una precisa domanda culturale, alla quale spesso i musei non offrono alcuna risposta, neppure quando potrebbero.

Per capire meglio questo concetto prendiamo in considerazione due strumenti SEO molto interessanti, entrambi gratuiti: Google Trends e Answer the Public.

Google Trends è uno strumento di Google che permette di scoprire quali sono le parole chiave più ricercate in un dato periodo, soprattutto quelle che stanno crescendo di più. È uno strumento prezioso per cogliere umori e tendenze, suddivise per aree geografiche.

Answer the Public è un affascinante sito che mostra in modo grafico le più popolari ricerche su Google correlate ad un dato argomento. È un servizio che offre molti spunti per scrivere articoli sul proprio sito e cercare di offrire risposte alle domande più evidenti del proprio pubblico. Provando ad esempio a digitare "Leonardo da Vinci" si ottengono una vasta serie di domande, piuttosto interessanti.

Si va infatti da domande classiche, tipo "come dipingeva?" a spunti inaspettati quali "come dormiva?" o "Leonardo e Einstein". Partire dalle domande dei propri visitatori è senz'altro una splendida occasione per un museo per aumentare notorietà e portata culturale, in rete e nel mondo reale.

È stato calcolato che il ranking di Google sia prodotto a partire da circa 200 fattori diversi. Un numero enorme, che però non deve scoraggiarci, perché alcuni fattori sono più determinanti di altri. Ecco un elenco di raccomandazioni pubblicato da Google stessa.[8]

1) *Creare ottimo contenuto.* Questo è il consiglio principale che Google offre a chi pubblica i siti. Il contenuto deve essere ampio, aggiornato frequentemente, scritto in linguaggio corretto (Google penalizza gli errori ortografici), ben strutturato semanticamente, e unico, nel senso che lo stesso contenuto non deve essere pubblicato su siti diversi.

2) *Pensare per parole chiave.* Le parole chiave sono ancora molto rilevanti per favorire l'arrivo dell'utente sul proprio sito. Le parole chiave più importanti devono essere presenti nel titolo della pagina e nei vari paragrafi. Bisogna però stare attenti a non esagerare: se Google pensa di essere stato ingannato da un numero eccessivo di parole chiave, penalizzerà il sito colpevole.

3) *Farsi linkare da siti autorevoli.* Abbiamo visto come il meccanismo dei link sia stato essenziale per il successo di Google. I link hanno ancora un peso rilevante per l'indicizzazione: un link da un sito importante, come ad esempio un quotidiano nazionale online, può essere molto significativo in termini di risultati.

4) *Attenzione al mobile.* Dal 2016 Google ha cominciato ad utilizzare una modalità "mobile-first" per la sua indicizzazione, vale a dire che i siti vengono valutati anche per la loro facilità di visualizzazione su smartphone, in considerazione del fatto che oramai la maggior parte delle

---

[8] https://developers.google.com/search/docs?hl=it.

navigazioni su Internet avvengono via mobile. Per questo è buona prassi verificare come il proprio sito viene visualizzato sugli smartphone e usare gli appositi strumenti di verifica tecnica di Google come la Google Search Console.

5) *Curare i metadati.* Apparire tra i primi risultati di Google nella parola chiave che interessa è solo il primo passo. L'utente che ha visto il link tra i risultati, infatti, deve anche cliccarlo per raggiungere il sito. Questa decisione è basata sulla breve anteprima del sito offerta da Google, composta essenzialmente dal titolo della pagina, l'URL e tre righe di testo. Scegliere con attenzione questi tre elementi è quindi fondamentale per essere selezionati dall'utente e avere un buon tasso di click (CTR, *Click-Through Rate*).

6) *La velocità è essenziale.* Pagine lente nel caricamento vengono immediatamente penalizzate da Google, per cui la velocità di un sito va testata tramite strumenti appositi disponibili online, anche per simulare il collegamento da nazioni diverse da quella del museo.

7) *Non solo testo.* Google inserisce nei risultati anche video, immagini, mappe e documenti in pdf. Curare il contenuto anche in questi termini può dare molte soddisfazioni in termini di aumento delle visite.

In generale il principio è che Google cerca di favorire i contenuti di alta qualità per gli utenti, perché gli utenti soddisfatti di un sito trovato su Google sono di riflesso soddisfatti di Google.

Infine, bisogna osservare come le nuove tendenze del SEO incoraggiano i gestori dei siti a cercare di interpretare le "intenzioni" dei visitatori al di là delle semplici parole chiave, approfondendo quindi la motivazione che sta dietro alle ricerche.

Vi sono infatti tre tipi generali di intenti alla base delle ricerche su Google: *navigazionale*, raggiungere una certa pagina di un certo sito, *informativo*, scoprire una certa informazione (indipendentemente dal sito che la offre) e *transazionale*, realizzare qualcosa tramite un servizio online, come pagare il bollo dell'auto o acquistare un biglietto del treno.

Il nuovo SEO sarà sempre più basato su una risposta efficace ai bisogni dell'utente, piuttosto che alle parole chiave che usa per la ricerca: se il museo sarà in grado di offrire una via rapida a chi vuole solo acquistare i biglietti, differente da ciò che che viene offerto allo studente che deve effettuare una ricerca sulle collezioni, allora il servizio sarà migliore e più efficiente.

Infine, è molto importante notare come i chatbot basati sull'intelligenza artificiale generativa stanno già modificando radicalmente l'approccio alla ricerca online. Infatti già negli ultimi anni Google tendeva a rispondere già direttamente ad alcune domande, riportando frasi estratte da un sito web che il motore riteneva rispondesse alla domanda dell'utente. I nuovi chatbot come ChatGPT o Gemini di Google rispondono cercando direttamente tra le proprie conoscenze, senza neppure proporre un sito di supporto, a meno che non venga loro chiesto esplicitamente. Questo comporta sia un cambiamento delle abitudini di ricerca degli utenti, che tendono a raffinare sempre di più le proprie domande, sia il ripensamento delle strategie SEO da parte dei proprietari dei siti web. Bisogna infatti cominciare a chiedersi se valga la pena pubblicare molto contenuto online che verosimilmente verrà sempre meno visitato, dato che gli utenti si limiteranno a dialogare con le intelligenze artificiali senza visitare i siti dei musei da cui le risposte delle intelligenze artificiali sono tratte.

In questo caso quindi saremmo arrivati alla conclusione del ciclo dell'immediatezza: il sito web del museo, che permette un rapporto diretto con l'utente umano, viene progressivamente reso sempre più evanescente dal mediatore digitale (prima Google, poi ChatGPT, in futuro Gemini o altri) fino ad essere quasi completamente eliminato dall'interazione. Una conclusione non scontata, ma altamente possibile, sulla quale conviene riflettere fin da ora.

RIFLETTI

Quali sono le tre parole chiave più importanti per il tuo museo (escluso il nome del museo stesso)? Come è piazzato su queste parole chiave? Esiste una politica di SEO condivisa con chi produce i contenuti? Pensa ai bisogni dei vostri visitatori: che ricerche li porteranno a fare, e che risposte potreste offrire a queste ricerche? In che modo si potrebbe trasformare il vostro SEO in *muSEO*, vale a dire un SEO con scopi culturali e non solo promozionali?

USER EXPERIENCE (1998-1999)

La *user experience* (d'ora in poi anche UX) può essere definita come "le percezioni e le reazioni di un utente che derivano dall'uso o dall'aspettativa d'uso di un prodotto, sistema o servizio".[1]

Nel 1998 un celebre psicologo americano, Donald Norman, pubblica *La caffettiera del masochista*,[2] un libro destinato ad un successo mondiale e a cambiare la percezione della realtà quotidiana che ci circonda.

Nel suo libro infatti Norman denuncia il fatto che la maggior parte degli oggetti di uso comune sono mal progettati, e quindi rendono la nostra vita inutilmente più faticosa. Progettare l'esperienza dell'utente – scrive Norman – diventa un imperativo per il buon designer e tale esperienza va al di là dell'oggetto stesso, investendo tutti gli aspetti dell'incontro tra la persona e l'oggetto. È un concetto olistico, quello della *user experience*, per cui Norman, come consulente della Apple, sostiene che l'azienda informatica non deve occuparsi solo del computer in se stesso, ma anche degli imballaggi, del trasporto del computer a casa dell'utente, dell'apertura della confezione e del primo avvio, di tutti quegli aspetti insomma che concorrono a rendere gratificante l'esperienza dell'acquisto e dell'uso del computer.

---

[1] ISO 9241-210:2010. Ergonomics of human system interaction - Part 210: Human-centered design for interactive systems (formerly known as 13407), Switzerland, International Organization for Standardization (ISO).

[2] Ultima edizione italiana: Donald A. Norman, *La caffettiera del masochista. Il design degli oggetti quotidiani*, Firenze, Giunti, 2019.

Figura 42 - Donald Norman accanto al suo libro *La caffettiera del maso-chista* (foto da UXLX)

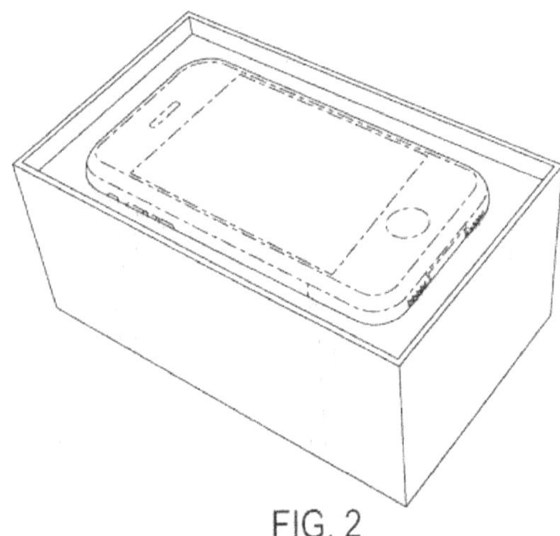

Figura 43 - Immagine tratta dal brevetto Apple della scatola dell'iPhone

Non a caso la Apple dedica da sempre grande attenzione alla *user experience*. Due dei suoi prodotti più fortunati, il Macintosh e l'iPhone, hanno avuto un successo mondiale in gran parte grazie all'esperienza utente curata in ogni dettaglio. Ad esempio tra i brevetti della Apple di Steve Jobs c'è la scatola dell'iPhone, progettata in modo da offrire un'esperienza emozionante alla prima apertura, arrivando alla durata esatta del tempo che il coperchio deve impiegare a scivolare sulla scatola.[3]

Nel 1999 Jakob Nielsen, socio di Norman nello studio di consulenza Nielsen-Norman, pubblica *Designing Web Usability*, un testo di capitale importanza per gli studi di usabilità applicati al web. Nielsen infatti è un ingegnere, e offre metodi pratici per valutare e migliorare quella stessa UX teoricamente definita dal suo socio Norman.

A partire dai primi anni 2000 l'attenzione sulla UX cresce notevolmente, dato che sempre più aziende diventano coscienti della sua importanza per il proprio successo commerciale. In un mondo dove la scelta tra prodotti e applicazioni digitali è sempre più vasta e il tempo degli utenti diventa la risorsa più scarsa, offrire sistemi che fanno risparmiare tempo, risultando al tempo stesso piacevoli da usare, diventa un fattore decisivo.

Anche se la definizione di *user experience* è abbastanza fluida, si sta definendo una gerarchia di significati. In particolare, i designer digitali che lavorano sulle interfacce di siti, software e prodotti digitali lavorano sulla *user interface*, che è una parte della più vasta *user experience* che l'utente ha nell'usare il prodotto. Se allarghiamo ulteriormente lo sguardo, vediamo che il rapporto che l'utente ha con l'azienda che fornisce il prodotto o servizio che sta utilizzando è definito *customer experience* (CX), e comprende, oltre che l'esperienza utente nell'utilizzare

3 https://www.economist.com/1843/2019/07/23/zen-and-the-art-of-opening-an-iphone-box.

il servizio, anche fattori quali il prezzo, il marketing, la percezione del brand e il servizio di assistenza.[4]

Musei e *user experience*

I musei stanno vivendo negli ultimi vent'anni un importante mutamento di paradigma: da istituti centrati sulle collezioni (*object-centered*) stanno diventando istituti centrati sul visitatore (*visitor-centered*).[5] In questo nuovo paradigma l'esperienza dell'utente diventa assolutamente centrale, non soltanto per garantirne la soddisfazione e il ritorno al museo in futuro, ma anche come mezzo per aumentare l'impatto culturale della visita.

Passeremo ora in rassegna i principali metodi utilizzati per valutare e migliorare la *user experience* dei prodotti digitali, tenendo conto che molti di essi possono essere usati, con opportune modifiche, anche per valutare l'esperienza dell'utente nelle gallerie.

Analisi di un esperto di UX. Un esperto di UX è in grado di identificare rapidamente gli errori di usabilità più comuni e offrire soluzioni per correggerli. Non a caso il settore professionale è in crescita e può offrire interessanti opportunità lavorative anche per i laureati in materie umanistiche, studi che si rivelano particolarmente adatti per affrontare un campo fortemente basato sulla comprensione dei bisogni umani. Gli esperti utilizzano diversi strumenti per le loro analisi, tra cui le check list di usabilità, che riportano una serie di requisiti da verificare, come la leggibilità dei caratteri, le dimensioni dei bottoni ecc. Tali check list sono disponibili anche online per chi volesse cimentarsi da solo in una verifica preliminare.

---

[4] https://medium.com/@vital.boisset/ux-vs-ui-vs-cx-vs-pm-demystified-53aada4320f2.

[5] Cfr. Peter Samis, Mimi Michaelson, *Creating the Visitor-centered Museum*, New York-London, Routledge, 2016.

Test con gli utenti. Le ricerche di Nielsen hanno dimostrato che test con soli cinque utenti sono in grado di evidenziare fino al 90% degli errori di usabilità di un sito web. I test possono essere realizzati sia dal vivo che in remoto, ad esempio utilizzando le capacità di condivisione di schermo di software di teleconferenza come Teams o Google Meet. Normalmente i test consistono in alcuni compiti standard da svolgere utilizzando il prodotto richiesto (ad esempio l'acquisto di un biglietto online o il reperimento di determinate informazioni). Osservando le azioni dell'utente, ascoltandone le impressioni durante l'esecuzione del compito (usando ad esempio il metodo del *Think Aloud,* in cui si chiede all'utente di esprimere a voce alta pensieri ed aspettative durante l'utilizzo) e misurando la percentuale di successo nell'esecuzione del compito e il tempo impiegato per completarlo si ottengono dati preziosi per il miglioramento del sistema.

I test con gli utenti possono essere realizzati anche in fase di progettazione di un nuovo prodotto o servizio realizzando dei prototipi digitali o cartacei.

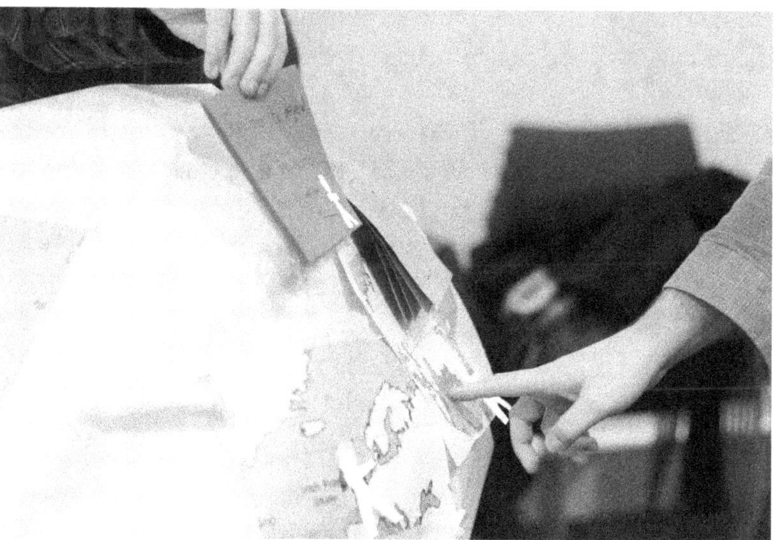

Figura 44 - Prototipo cartaceo per un multimediale dell'Imperial War Museum London (foto da InvisibleStudio)

Nel caso dell'Imperial War Museum di Londra, ad esempio, prototipi cartacei sono stati utilizzati da InvisibleStudio per il redesign di un'installazione multimediale nelle gallerie della Seconda guerra mondiale, provando a sottoporre ai visitatori del museo diverse opzioni per trovare la più efficace.[6]

UX Personas. Un metodo classico per tenere in conto l'usabilità fin dalle prime fasi di progettazione di un servizio è di costruire degli utenti immaginari corrispondenti ai principali target e scenari di utilizzo, e utilizzarli come "trucco mentale" per mettersi nei panni degli utenti stessi. Ad esempio un museo può costruire 4 o 5 utenti immaginari corrispondenti a profili tipo, quali: un'insegnante che deve portare la classe al museo, un visitatore disabile che vuole organizzare la propria visita, un giornalista che deve trovare informazioni per scrivere un articolo e un ricercatore alla ricerca di informazioni su un tema fortemente specialistico.

Osservando il proprio sito web con gli occhi di questi utenti immaginari è più facile progettare contenuti e percorsi di navigazione adatti per queste categorie di pubblico.

Analisi delle statistiche di utilizzo. Come abbiamo visto in precedenza, tutti i prodotti digitali lasciano una traccia abbondante di statistiche di utilizzo da parte degli utenti; ad esempio il sito web offre una vasta quantità di informazioni sui percorsi di navigazione degli utenti, le permanenze medie su una pagina, i punti di abbandono del sito, ecc. Utilizzando questi dati è possibile identificare punti problematici da correggere o opportunità da cogliere. Le statistiche possono fungere da campanelli di allarme quantitativi per spingere a compiere analisi

[6] Stefania Boiano, Giuliano Gaia, *Participatory Innovation and Prototyping in the Cultural Sector: A case study*, in Proceedings of *EVA London 2019*, https://www.scienceopen.com/hosted-document?doi=10.14236/ewic/EVA2019.3.

qualitative per cercare di capire a cosa sono dovuti eventuali comportamenti anomali.

Le statistiche possono riguardare anche gli spazi fisici del museo, ad esempio studiando i dati di utilizzo delle audioguide o osservando il comportamento dei visitatori.

A/B Testing. Un'evoluzione dell'analisi delle statistiche è il cosiddetto A/B Testing, vale a dire la possibilità di offrire agli utenti due esperienze che variano tra loro solo per un particolare e misurare il differente grado di successo. L'A/B Testing è possibile ad esempio con le pagine di un sito, servendo a metà degli utenti una pagina web con un bottone di un certo colore, e all'altra metà la stessa pagina con il bottone di un colore diverso. La percentuale di click su quel bottone ci offrirà un'indicazione chiara su quale colore scegliere per la versione definitiva. L'A/B Testing è un approccio molto interessante che può essere effettuato anche dentro le gallerie, ad esempio provando a variare il layout di un pannello informativo per un certo periodo misurando quante persone si fermano a leggerlo.

Eye-tracking e analisi neuro scientifiche. I metodi più avanzati di *user experience* comportano l'utilizzo di sofisticati strumenti di rilevazione dei movimenti della pupilla dell'utente (*eye-tracking*) al fine di scoprire dove si concentra maggiormente la sua attenzione visiva, e di analisi delle onde cerebrali (analisi neuroscientifiche) per cogliere le risposte del cervello a determinati stimoli. In questo modo è possibile compilare delle "mappe di calore" dell'attenzione dell'utente, anche di quella sotto il livello di coscienza.

Un museo americano, il Peabody Essex Museum, ha anche assunto, primo museo al mondo, una neuroscienziata per valutare l'impatto delle proprie mostre sui visitatori. Esistono ricerche estremamente interessanti ad esempio sul differente approccio del cervello all'arte astratta e all'arte figurativa per cui è raccomandabile anche per musei con limitate risorse di cercare di seguire almeno parzialmente le ricerche nel settore neuroestetico, che possono offrire ottimi spunti per l'allestimento e la comunicazione museale.[7]

Infine, va osservato come la *user experience* possa essere vista non soltanto come un modo per correggere "a posteriori" i difetti dei prodotti, ma anche per avere migliori idee in fase creativa/progettuale di un nuovo prodotto o servizio. In questo senso ad esempio il metodo del *Design Thinking*, inventato presso la Design School dell'Università di Stanford, enfatizza l'empatia con l'utente e la prototipazione e il testing come modo per trovare soluzioni migliori in molti campi, incluso quello culturale e museale.[8]

Il museo immediato è un museo sicuramente centrato sul visitatore, dato che uno dei principi fondamentali della *user experience* è "Non farmi pensare",[9] nel senso di risparmiare al visitatore sforzi inutili per orientarsi, capire i contenuti e vivere le esperienze. Un museo non banale o semplificato, dunque, ma privo di problemi inutili, con una segnaletica chiara, didascalie leggibili, prodotti digitali facili e piacevoli da usare. Un museo immediato.

---

[7] *The Brain-Friendly Museum: Using Psychology and Neuroscience to Improve the Visitor Experience*, edited by Annalisa Banzi, New York-London, Routledge, 2020.

[8] Irene Roberti, *Il Design Thinking per la gestione museale: come innovare le esperienze culturali*, "Musei-it.com", 15 marzo 2021, https://www.musei-it.com/post/il-design-thinking-per-la-gestione-museale-come-innovare-le-esperienze-culturali, e Stefania Boiano, Giuliano Gaia, *Come abbiamo aiutato il Museo Egizio di Torino a ripensare la videoguida grazie al Design Thinking*, "Musei-it.com", Jan. 18, 2018, https://www.musei-it.com/post/come-abbiamo-aiutato-il-museo-egizio-di-torino-a-ripensare-la-sua-futura-videoguida-grazie-al-design.

[9] Cfr. Steve Krug, *Don't Make Me Think: A Common Sense Approach To The Web Usability*, New Riders Pub, 2005.

RIFLETTI

In che modo il tuo museo valuta la *user experience* e agisce su di essa? In che punto della progettazione di una mostra, di un servizio o di uno strumento comunicativo si inserisce il ragionamento sull'esperienza utente? Definiresti il tuo museo come centrato sulla collezione o sul visitatore?

Il 15 gennaio del 2001 (una data che sarebbe in futuro diventata il Wikipedia Day) viene lanciato un sito destinato a rivoluzionare la nostra idea di fonte autorevole: Wikipedia. Curiosamente, i primi anni di Wikipedia vengono finanziati da un sito per adulti (Bomis) fondato e diretto da Jimmy Wales, il principale creatore di Wikipedia.

Wikipedia ribalta il concetto di enciclopedia, con risultati sorprendenti. Fin dalla prima *Enciclopedia* di Diderot e D'Alembert nel Settecento, infatti, l'enciclopedia è basata sul lavoro di pochi esperti, accuratamente selezionati, che scrivono a pagamento articoli sul loro specifico settore di competenza. Wikipedia invece non pone nessun filtro, non paga nessuno e non pone alcun limite: chiunque può scrivere o correggere qualunque articolo, proprio o di altri.

Wikipedia infatti è basata sul concetto di *crowdsourcing*, per il quale se si riesce a coinvolgere su un progetto un numero sufficientemente alto di persone, la loro "intelligenza collettiva" corregge i difetti e gli errori dei singoli individui.

I risultati ad oggi sono stati, nell'insieme, sorprendentemente positivi. Rispetto alle enciclopedie tradizionali, Wikipedia infatti risulta essere:

- *gratuita*, aspetto non indifferente, soprattutto se pensiamo alle zone più svantaggiate del mondo;
- *accessibile*, nel senso che esistono versioni di Wikipedia in praticamente tutte le lingue del mondo. Ovviamente la più completa è quella in lingua inglese, mentre in alcune lingue risulta essere poco più che una bozza; in ogni caso la quantità di traduzioni supera abbondantemente quella delle enciclopedie tradizionali;

- *aggiornata*, dato che la facilità di inserire nuove voci e correggere quelle esistenti permette di seguire con rapidità le evoluzioni della tecnologia e il susseguirsi degli avvenimenti;
- *molto ampia*, ben più di un'enciclopedia tradizionale, se sommiamo tutte le lingue, anche se la struttura volontaristica la rende non necessariamente completa, non avendo un piano editoriale imposto dall'alto; in altre parole, vengono realizzate solo le voci che a qualcuno interessa scrivere;
- *abbastanza accurata e affidabile* secondo diverse ricerche, anche se ovviamente in alcune voci sono stati riscontrati errori anche gravi;
- *un grande esperimento culturale* che ha coinvolto migliaia di persone in tutto il mondo come editori, valorizzando competenze spesso sconosciute e offrendo a miliardi di lettori la possibilità di aggiornarsi rapidamente e gratuitamente.

Al tempo stesso Wikipedia soffre di alcuni significativi svantaggi, il più importante dei quali è la sua totale dipendenza dalla community degli editor, detti "wikipediani". Se questa community dovesse scendere sotto un certo numero critico, il concetto stesso di *crowdsourcing* cesserebbe di funzionare, perché la comunità non sarebbe più in grado di correggere gli errori o eliminare i vandalismi. Il numero dei wikipediani è in calo costante negli ultimi anni, rendendo questo scenario sempre più probabile.

I musei e Wikipedia

Molti musei non si occupano di monitorare la loro presenza su Wikipedia, anche se la voce di Wikipedia appare spesso come seconda voce nelle ricerche su Google, appena dopo il sito ufficiale del museo (e a volte addirittura prima). Inoltre molte applicazioni e siti, tra cui i sistemi di intelligenza artificiale, usano Wikipedia come fonti di contenuto. Il risultato è che informazioni incomplete o scorrette sui musei si diffondono, non controllate da chi avrebbe massimo interesse a farlo.

Alcuni musei come il MUSE di Trento hanno accolto dei *Wikipediani in residence*, volontari che con l'aiuto dello staff hanno ampliato e corretto non solo la voce specifica del museo, ma anche le voci riguardanti temi e oggetti trattati nel museo, contribuendo quindi ad una migliore diffusione della cultura in quel settore di Wikipedia.[1] Per quanto poco diffuse, iniziative come queste vanno nella giusta direzione.

I musei dovrebbero quindi stabilire una routine di verifica delle voci associate a se stessi e alle loro opere più importanti con cadenza almeno semestrale, per verificare che i contenuti siano sempre aggiornati e corretti, sforzandosi anche di ampliare, per quanto possibile, tali voci. Non solo: il concetto di *crowdsourcing* e valorizzazione dell'esperienza del pubblico andrebbe sfruttato maggiormente dai musei. Spesso infatti il pubblico locale ha ricordi, fotografie e conoscenze preziose, che non vengono adeguatamente utilizzate; in questo senso il digitale offre grandi opportunità per organizzare in modo razionale la raccolta di spunti e materiali dal proprio pubblico. La cronica mancanza di staff dei musei li rende molto guardinghi nel lanciare questo tipo di iniziative, ma l'aumento della rilevanza di un museo (per usare un termine caro a Nina Simon) per il proprio pubblico e la propria città in seguito a iniziative di questo tipo è tale da giustificare il rischio.[2]

Wikipedia ha infatti dimostrato che il concetto di *enciclopedia immediata* può funzionare molto bene, eliminando la me-

---

[1] https://it.wikipedia.org/wiki/Progetto:GLAM/MUSE.
[2] Nina Simon, *The Art of Relevance*, Santa Cruz, Museum 2.0, 2016, http://www.artofrelevance.org.

diazione dell'editore e rendendo l'enciclopedia istantanea grazie alla capacità di adattarsi rapidamente ai cambi della società e agli eventi man mano che succedono. Allo stesso modo la partecipazione attiva degli utenti volontari alle produzioni culturali del museo può aiutare molto nella costruzione del museo immediato. Il coinvolgimento e la gestione di una community è un'attività molto complessa e a volte frustrante, ma, se ben realizzata, può portare ottimi risultati.

RIFLETTI

Il tuo museo verifica periodicamente la propria presenza su Wikipedia? Incoraggia l'invio di materiali ed esperienze da parte del proprio pubblico? Si pone come snodo di conoscenza collettiva piuttosto che come "oracolo" che fa discendere la conoscenza dall'alto?

La storia dei robot è la storia del sogno di creare un essere artificiale. Un desiderio antico e senza confini: automi meccanici ed esseri sintetici sono presenti nelle mitologie greca e romana, come pure in quella indiana e cinese. Spesso sono miti che finiscono male, perché chi crea un uomo si sostituisce alla divinità, per farsi divinità egli stesso, e per questo viene inevitabilmente punito. Un'eco di quei miti lontani è probabilmente presente nella preoccupazione con cui oggi affrontiamo il tema dei robot, combattuti tra il fascino e la preoccupazione di aver scoperchiato il vaso di Pandora (tra l'altro Pandora era un essere artificiale creato per condurre il male nel mondo, un concetto curiosamente simile al celeberrimo robot femminile del film *Metropolis* di Fritz Lang del 1926).

Cos'è un robot? Potremmo definirlo come *una macchina controllata da un computer in grado di eseguire automaticamente dei compiti di tipo fisico*, come muoversi o agire su un oggetto. Insito nel concetto di robot c'è quello di lavoro. Non a caso deriva dalla parola ceca *ròbota* ("lavoro faticoso") e viene usata per la prima volta per indicare un essere artificiale nel dramma teatrale *R.U.R.* messo in scena nel 1920 dallo scrittore e drammaturgo ceco Karel Čapek.

In *R.U.R.* i robot sono esseri sintetici simili agli uomini costruiti per servire come schiavi e che alla fine si ribellano sanguinosamente fino a portare la razza umana all'estinzione.

Il tema della macchina incontrollabile è quindi sempre lo stesso nei secoli (basti pensare al Golem), ed è per questo che nel 1942 lo scrittore di fantascienza Isaac Asimov formula le celebri "Tre leggi fondamentali della robotica", che dovrebbero scongiurare ogni pericolo di rivolta.

Figura 45 - Una scena del dramma R.U.R. in cui compaiono tre robot

Le tre leggi di Asimov sono:

Prima Legge
Un robot non può recar danno a un essere umano né può permettere che, a causa del suo mancato intervento, un essere umano riceva danno.

Seconda Legge
Un robot deve obbedire agli ordini impartiti dagli esseri umani, purché tali ordini non vadano in contrasto alla Prima Legge.

Terza Legge
Un robot deve proteggere la propria esistenza, purché la salvaguardia di essa non contrasti con la Prima o con la Seconda Legge.[1]

L'aspetto interessante di tutti questi ragionamenti è che i robot fisicamente non esistevano ancora; esistevano solo come concetto e come preoccupazione. E allora, quando nascono davvero i robot?

[1] Cfr. Isaac Asimov, *Io, Robot*, Milano, Mondadori, 2018.

Per scoprirlo dobbiamo andare in America negli anni Cinquanta, dove un inventore americano, George C. Devol, sta provando a farsi strada nella vita. Dopo aver lavorato nel settore dei forni a microonde, nel 1954 Devol decide di brevettare un braccio robotico in grado di effettuare compiti pericolosi nelle industrie. Il primo robot entra quindi in funzione nel 1961 in un impianto della General Motors, ma all'inizio ha scarso successo negli USA, perché boicottato dai sindacati che temono gravi ricadute occupazionali, e Devol deve a malincuore vendere i suoi robot in Giappone, dove l'accoglienza invece è entusiastica.

Figura 46 - Il braccio robotico di Devol che serve il caffè
(foto di Frank Q. Brown, https://digital.library.ucla.edu/catalog/
ark:/21198/zz0002vfhd, CC BY 4.0)

È importante notare come il "braccio robotico" di Devol sia completamente diverso dai robot umanoidi descritti dagli scrittori di fantascienza. Infatti la fantascienza immagina macchine in grado di imitare la flessibilità umana, ad oggi insuperata (gli uomini sono in grado di lavorare manualmente e intellettualmente, correre, saltare, strisciare e nuotare, immaginare, definire in astratto e provare sentimenti, e svolgere migliaia di altre attività fisiche e intellettuali). I robot, invece, nella realtà nascono e si sviluppano come macchine specializzate a compiere una sola azione in modo veloce, preciso ed estremamente ripetitivo, erodendo il lavoro umano non dall'alto, ma dal basso, andandolo a sostituire nei compiti più semplici e noiosi. Il robot è il perfetto compagno della catena di montaggio: nella catena di montaggio gli uomini vengono ridotti a macchine, costretti a compiere operazioni alienanti e ripetitive, fino al punto in cui quelle stesse operazioni diventano talmente semplici da poter essere eseguite dai robot.

Questo è un concetto importante da tenere a mente per inquadrare correttamente sia il dibattito sui robot che sull'intelligenza artificiale. Ad oggi una macchina è in grado di superare un essere umano solo in settori molto limitati della vita e del lavoro, come compiere operazioni meccaniche, guidare, riconoscere immagini. Detto questo, la somma dei cambiamenti sociali causati da queste macchine "stupide" ma molto efficienti può comunque essere drammatica. Per rendersene conto è sufficiente confrontare una fabbrica di automobili di oggi con una degli anni Settanta.

È impressionante come la componente umana della produzione automobilistica si sia drasticamente ridotta: oggi un'auto è prodotta quasi esclusivamente da robot, e l'intervento umano è limitato al controllo e a poche fasi non ancora totalmente automatizzate. La maggioranza degli oggetti che usiamo quotidianamente sono prodotti in gran parte da macchine a controllo numerico, assimilabili ai robot. Questo ha significato la fine della centralità delle "masse operaie" nelle aziende produttive e nella società.

E le case, i ristoranti, i negozi? Nel 1980 un dimenticabile film di Alberto Sordi, "Io e Caterina", fotografava l'immaginario collettivo dei futuri robot casalinghi: umanoidi a grandezza naturale in grado di eseguire (più o meno bene) tutti i compiti degli esseri umani.

La realtà si è mostrata ben diversa: il primo robot casalingo semovente a larga diffusione, il Roomba, commercializzato nel 2002, non ha certo fattezze umane, è un giocattolo semovente su ruote dall'aria poco minacciosa in grado di svolgere, molto efficacemente, un unico compito: spazzare il pavimento. Ancora una volta, la specializzazione è la chiave della robotica.

Anche nelle situazioni estreme come la guerra i robot arrivano non come guerrieri d'acciaio alla Terminator, ma con la forma di droni volanti, missili autoguidati, piccoli robot sminatori, addirittura sciami di microrobot grandi pochi centimetri eppure potenzialmente letali.[2]

Figura 47 - Il Roomba, robot domestico (foto di Frank C. Müller, CC BY-SA 4.0)

---

[2] P.W. Singer, *Wired for War. The Robotics revolution and conflict in the 21st century*, New York, Penguin, 2009.

Dobbiamo dunque attenderci non la nascita di un concorrente umanoide, ma di una miriade di piccoli "aiuti" all'essere umano, un vero e proprio ecosistema robotico progressivamente sempre più indipendente dal singolo individuo. Questo ecosistema, di enorme complessità, avrà impatti sulla nostra vita e su quella del pianeta ancora difficili da comprendere appieno, sia negli aspetti positivi (ad esempio riduzione dell'inquinamento, degli sprechi e dei lavori pericolosi), che in quelli negativi (eliminazione di posti di lavoro, perdita del controllo, possibilità di usi nocivi o di hackeraggio, e altri che non riusciamo neanche a immaginare oggi).

I musei e i robot

Ad oggi i robot non sono entrati massicciamente nel museo. L'esempio forse più noto è l'animatrone che riproduce un T-REX al Natural History Museum di Londra in grado di muoversi e ruggire, una tecnologia presente nei parchi a tema Disney fin dalla loro nascita.[3]

Figura 48 - Il T-Rex al Natural History Museum di Londra

[3] Sugli animatroni nei parchi Disney è molto interessante vedere il documentario *The Imagineering Story* del 2019.

Nei musei di arte e design invece i robot sono per lo più assenti, tranne che come oggetto di mostre specializzate sui robot stessi o sull'arte robotica, arte realizzata con l'ausilio di robot. Tale arte comporta la realizzazione di macchine in grado di dipingere o scolpire, con gradi diversi di autonomia dall'autore umano: a volte eseguendo con precisione degli ordini umani, altre volte realizzando opere in completa autonomia grazie ad algoritmi più o meno complessi.

Come aiuto alla visita invece vi sono state diverse sperimentazioni, ma tutte rimaste abbastanza di nicchia. Nel 1997, ad esempio, il Deutsches Museum di Monaco sperimenta RHINO, un curioso robot semovente in grado di muoversi per il museo conducendo visite guidate grazie a telecamere e a una voce sintetizzata.[4]

Figura 49 - RHINO, esempio pionieristico di guida-robot
al Deutsches Museum

[4] Wolfram Burgard et al., *The interactive museum tour-guide robot*, in *AAAI 98 Proceedings*, 1998, p. 11-18, https://www.aaai.org/Papers/AAAI/1998/AAAI98-002.pdf.

Vent'anni dopo, nel 2019, un gruppo di ricercatori conduce una sperimentazione al Miraikan (National Museum of Emerging Science and Innovation) di Tokyo, usando ASIMO, il piccolo robot umanoide sviluppato da Honda. I risultati sono decisamente migliori, perché vent'anni di evoluzione tecnologica hanno permesso di creare un robot decisamente più gradevole esteticamente e in grado di interagire più efficacemente con i visitatori.[5]

Nonostante questo, le guide museali umane apparentemente potranno restare tranquille per ancora qualche anno: i robot umanoidi al momento hanno troppi problemi di movimento per costituire davvero una minaccia. Semmai le guide possono temere maggiormente gli smartphone, che permettono di recuperare istantaneamente informazioni su qualunque argomento, o le audioguide, che da anni si offrono come alternativa alle visite guidate umane.

Un'area di sviluppo apparentemente più promettente è quella dei robot come ausilio alla visita a distanza, praticamente degli "zoom su ruote" che vengono comandati via Internet e permettono di visitare il museo in telepresenza. Una delle prime esperienze è stata quella del Van Abbemuseum di Eindhoven, che nel 2015 ha creato un programma destinato alle persone disabili non in grado di visitare fisicamente il museo. Tramite un software queste persone possono guidare il robot e girare per il museo accompagnati da un volontario del museo, che verifica che non ci siano problemi con gli altri visitatori e al tempo stesso fornisce informazioni sulle collezioni all'utente a casa, che può interagire tramite schermo e microfono.

In sostanza il modello del Van Abbemuseum ribalta quello della guida artificiale che abbiamo visto sopra: qui infatti è un essere umano ad accompagnare il robot guidandolo per il museo.

<hr>

[5] Takamasa Iio et al., *Human-Like Guide Robot that Proactively Explains Exhibits*, "International Journal of Social Robotics", 12 (2020), p. 549-566, https://doi.org/10.1007/s12369-019-00587-y.

Figura 50 - Visita da remoto con robot al Van Abbemuseum
di Eindhoven in Olanda

Avendo utilizzato il robot del Van Abbemuseum per organizzare diverse visite guidate in remoto dall'università IULM di Milano, possiamo affermare che l'esperienza è coinvolgente: dipende molto dalla qualità della guida umana e lascia comunque il desiderio di visitare dal vivo il museo non appena se ne abbia la possibilità; in quanto tale, quindi, questo robot non costituisce un sostituto, ma una efficace premessa della visita reale.[6]

Il Van Abbemuseum non è stato il solo a sperimentare la visita a distanza via robot. Nel 2014, ad esempio, lo studio londinese The Workers ha organizzato una "notte al museo" in cui i visitatori potevano guidare a turno dei robot per esplorare la Tate Britain durante l'orario di chiusura, mentre nel 2020, in piena pandemia, la galleria Hastings Contemporary in UK ha usato i robot per restare aperta durante la chiusura forzata.[7]

---

[6] Stefania Boiano, Giuliano Gaia, *We Visited a Museum with a Robot. Here's What We Learnt*, 2018, https://medium.com/@invisiblestudio/we-visited-a-museum-with-a-robot-heres-what-we-learnt-e9bf9a68dc6.

[7] Cfr. https://theworkers.net/after-dark.

Quale futuro per i robot al museo, dunque? Difficile spingersi in previsioni, dato che lo sviluppo dei robot è strettamente intrecciato a quello dell'intelligenza artificiale. Probabilmente la prima ondata, come negli ambienti domestici, sarà costituita da robot "umili" in grado di effettuare autonomamente compiti poco creativi come pulizie, sorveglianza, diagnostica; successivamente alcune funzioni di più alto livello potrebbero essere svolte dai robot, ma probabilmente sempre in integrazione piuttosto che in sostituzione dell'essere umano.

RIFLETTI

In che modo la storia degli automi intreccia quella del tuo museo? Ci sono automi nella tua collezione o collegabili alla tua collezione? È possibile collegare questi automi antichi con moderni esponenti della *Robotic Art*? Riflettere sui robot è sempre anche un modo per riflettere sull'umano; è proprio nella differenza tra umano e umanoide che si scopre il senso più profondo della nostra umanità.

IL WEB 2.0 E IL PODCASTING (2004)

Il web del 2004 è un web maturo, pronto per affrontare una nuova fase, quella multimediale, in virtù di diversi fattori concomitanti:

- la diffusione sempre più capillare di Internet, a cui hanno ormai accesso strati consistenti della popolazione (circa il 12% della popolazione mondiale, pari a circa 812 milioni di utenti - Internet World Stats 2004);
- l'aumento della larghezza di banda, che con la diffusione delle connessioni di tipo DSL e in fibra ottica permette lo scambio di file dalle dimensioni molto più consistenti;
- la diffusione di efficaci formati di compressione, come l'MP3 per i file audio e il DivX per i video, che consente di ridurre le dimensioni di filmati e brani musicali così da permetterne lo scambio via Internet, il salvataggio su supporti ottici (CD e DVD) e l'ascolto su dispositivi portatili (come gli MP3 player);
- la disponibilità di strumenti di self-publishing come i blog, che permettono di mettere online i propri scritti, le proprie immagini e i propri file audio senza il bisogno di alcuna conoscenza pregressa di programmazione web;
- il crollo del costo dello spazio web, che rende alla portata di tutti la pubblicazione online di grandi quantità di materiale digitale;
- la diffusione di fotocamere e videocamere digitali, integrate anche nei cellulari, che facilita l'autoproduzione di immagini e video digitali di buona qualità in formato già pronto per lo scambio su Internet.

Tutto questo dà vita a un nuovo web, molto più multimediale e trasversale rispetto al precedente, ma soprattutto crea un nuovo utente, che non si limita a fruire passivamente i contenuti che gli vengono proposti ma vuole crearne lui stesso; un utente attivo, insomma, che può dare sfogo più liberamente e con maggiore facilità alla propria voglia di "trasmettere qualcosa".[1]

Per capire l'arrivo del podcasting bisogna però prima comprendere il fenomeno dei blog, che ha dato avvio al cosiddetto "Web 2.0", ovvero il web basato sul contenuto prodotto dagli utenti (nome tratto da una serie di conferenze organizzate dall'editore statunitense O'Reilly). Il blog infatti altro non è che un sito web facilmente aggiornabile dall'utente, caratteristica che ne ha fatto uno strumento perfetto per la creazione di diari online e per la pubblicazione di informazioni.

Ironicamente, nonostante sia considerato un'innovazione degli anni Novanta, il blog era nella mente dell'inventore del Web già dalle origini. Tim Berners-Lee, infatti, quando immaginò il Web nel 1989 all'interno del CERN di Ginevra, voleva che fosse uno strumento con cui pubblicare fosse altrettanto semplice che leggere.[2] L'industria, poi, decise di sviluppare il Web in un'altra direzione, creando soprattutto strumenti per la fruizione passiva dei contenuti, salvo poi riscoprire quanto gli utenti avessero voglia di pubblicare solo in tempi successivi.

Come spesso accade nella storia di Internet, è difficile stabilire esattamente chi sia stato il primo blogger. Un buon candidato, comunque, è Justin Hall, che nel 1994 apre un "diario personale online" in cui racconta diversi episodi della sua vita personale da studente.[3]

---

[1] Stefania Boiano, Giuliano Gaia, *Il tuo podcast*, Assago, FAG, 2006, cap. 1. Disponibile su http://www.iltuopodcast.com/libro.html.

[2] Cfr. Tim Berners-Lee, *Weaving the Web*, cit., p. 57.

[3] Esiste un documentario realizzato da Justin Hall stesso sulla documentazione elettronica della sua vita disponibile su https://overshare.links.net.

Il blog ha determinate caratteristiche: è strutturato a post che appaiono secondo la data (il più recente in cima), tratta spesso di argomenti personali, ha un tono caldo e informale e spesso permette commenti da parte dei lettori, ponendosi quindi come un ibrido tra un sito e un forum. In Italia il caso più celebre è senz'altro il blog di Beppe Grillo, nato nel gennaio 2005 e diventato uno dei siti più seguiti in Italia.

I blog hanno permesso e permettono a centinaia di migliaia di utenti di pubblicare, gratuitamente o quasi, i propri scritti sul Web. Ben presto oltre agli scritti cominciano a condividere anche fotografie, brevi video e file MP3. I tempi per il podcasting sono maturi.

Nei primi anni 2000 la diffusione del formato MP3 per lo scambio dei file audio rende rapidamente obsoleti i lettori portatili di CD, allo stesso modo in cui questi ultimi hanno espulso dal mercato i lettori di cassette. In fin dei conti, se il formato MP3 risulta adatto per scambiarsi i file e ascoltarli nel computer, perché non usarlo anche per la riproduzione in dispositivi portatili e addirittura nell'autoradio? Questo avrebbe permesso la realizzazione di lettori basati su micro hard disk o su schede di memoria flash senza parti mobili, dunque con dimensioni e consumi molto ridotti.

Di qui la nascita e lo sviluppo di numerosi lettori MP3 portatili, tra i quali il più celebre e diffuso, grazie a un accurato design e a un'efficace campagna promozionale, è senza dubbio l'iPod di Apple, che porta con sé un'altra rivoluzione: la vendita legale, tramite iTunes, di file mp3 musicali a 99 centesimi l'uno.

L'industria musicale non sarà più la stessa.[4]

Il podcasting nasce dall'unione di tutti gli aspetti visti in precedenza. La semplicità di pubblicazione dei blog, la facilità di interscambio e produzione dei file MP3, la possibilità di ascoltarli lontani dal PC grazie ai lettori MP3 e la comodità

---

[4] Cfr. Walter Isaacson, *Steve Jobs*, Milano, Mondadori, 2011.

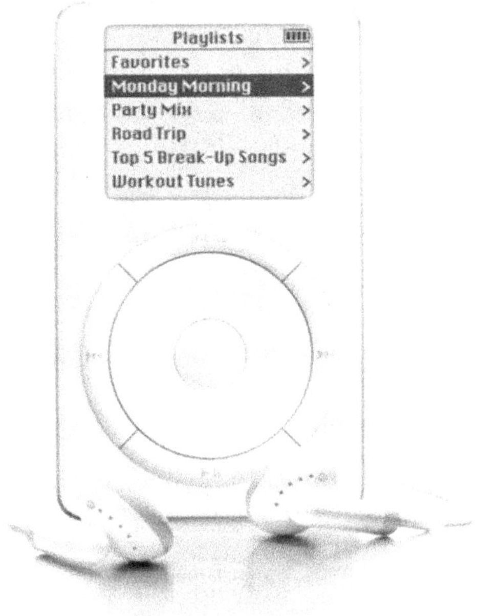

Figura 51 - L'Apple iPod del 2001

di riceverli automaticamente grazie ai feed RSS, file di testo che indicizzano il contenuto di un sito proponendo all'utente i contenuti aggiornati; tutto questo rende finalmente facile la diffusione di file audio via web a partire dal 2004, ed è proprio del 2004 l'invenzione del termine "podcasting" da parte del giornalista Ben Hammersley in un articolo per il quotidiano britannico "The Guardian". [5]

Il podcasting è quindi la pubblicazione di file audio su un sito, con cadenza per quanto possibile regolare, perché gli utenti possano scaricarli e ascoltarli su un qualsiasi dispositivo di riproduzione digitale. Una specie di radio online in differita,

[5] Ben Hammersley, *Audible Revolution*, "The Guardian", 12/2/2004, https://www.theguardian.com/media/2004/feb/12/broadcasting.digitalmedia.

un aspetto che toglie un po' di calore e immediatezza, ma che rende la pubblicazione possibile a tutti quegli utenti (e sono la maggioranza) che non possono permettersi una radio in diretta. Infatti, per la diretta è necessario disporre di una banda sufficientemente ampia per raggiungere molti utenti contemporaneamente, e bisogna avere il tempo e le risorse per garantire una pubblicazione quotidiana in tempo reale, foss'anche per poche ore al giorno. Con il podcasting, invece, è facile realizzare e pubblicare file audio da lasciare a disposizione degli utenti con una cadenza di pubblicazione compatibile con i propri impegni e le proprie possibilità (per esempio un podcast alla settimana).

Dopo un periodo di relativo inabissamento, i podcast stanno vivendo oggi una notevole esplosione,[6] favoriti dal miglioramento delle connessioni, dalla maggior potenza e qualità degli smartphone e soprattutto dalla diffusione delle app di streaming come Spotify e Apple Music. Come sempre la grande quantità di contenuti disponibili non corrisponde ad una qualità media particolarmente alta, ma esistono oggi molti podcast, tra i quali anche molti prodotti da singoli individui, di ottimo livello e grande successo.

I musei e i podcast

Il podcasting sembra ideale per i musei.[7] Infatti unisce ai bassi costi di produzione e distribuzione la possibilità di offrire contenuti approfonditi, approfittando del fatto che la predisposizione degli ascoltatori dei podcast in media non è lo zapping,

[6] Quasi 12 milioni di ascoltatori in Italia nel 2023, secondo una stima Ipsos disponibile su https://www.ipsos.com/sites/default/files/ct/news/documents/2023-09/Ipsos%20Digital%20Audio%20Survey%202023_pdf.pdf.

[7] Cfr. Hannah Hethmon, *Your Museum Needs a Podcast: A Step-By-Step Guide to Podcasting on a Budget for Museums, History Organizations, and Cultural Nonprofits*, independently published, 2018.

ma l'ascolto per periodi di tempo abbastanza lunghi; infatti il tipico podcast ha una durata tra i 12 e i 24 minuti e ha percentuali di abbandono più basse rispetto a video e testi di lunghezza paragonabile.

Questo significa poter trasmettere dei contenuti più ampi e articolati e anche poter sperimentare di più rispetto ad altri formati, sia nella forma che nei contenuti.

Non a caso, i grandi musei americani hanno cominciato molto presto a sperimentare con i podcast: nel 2006 un articolo del "New York Times" segnala i podcast di Metropolitan, New York MOMA e San Francisco MOMA, e persino alcuni podcast sul New York MOMA realizzati dagli studenti del Marymount Manhattan College come audioguida non autorizzata per mostrare aspetti normalmente taciuti o controversi delle collezioni.[8]

Questi primi podcast istituzionali contengono informazioni sulle collezioni, sulle mostre, sulla vita del museo, con interviste a curatori, artisti e pubblico.

Un caso esemplare di uso dei podcast da parte di un museo è *Raw Material*, il podcast del San Francisco Museum Of Modern Art (SFMOMA). Il SFMOMA infatti è stato uno dei primi musei al mondo a sperimentare questo strumento, lanciando il suo primo podcast, *Artcast*, addirittura nel 2005. Nel 2015 il format del podcast è stato rinnovato in modo radicale, con i seguenti principi base, ben delineati nel blog del museo,[9] che riportiamo in originale per intero in quanto li riteniamo molto interessanti per chiunque voglia lanciare un podcast culturale.

---

[8]   Randy Kennedy, *At Museums: Invasion of the Podcasts*, "New York Times", May 19, 2006, https://www.nytimes.com/2006/05/19/arts/design/19pod.html.

[9]   Erin Fleming, *Does a Museum Podcast Have to Be about a Museum?*, SFMOMA.org, https://www.sfmoma.org/read/does-museum-podcast-have-be-about-museum (trad. nostra).

Un podcast per gli amanti dell'arte, ovunque si trovino
Creiamo un podcast coinvolgente per le persone entusiaste delle arti, non solo per quelle che hanno visitato (o potrebbero visitare) il SFMOMA. La nuova serie sarà "un podcast di arte e cultura presentato dal SFMOMA," non "il podcast del SFMOMA."

Una piattaforma per le voci degli artisti
Forniamo uno spazio per gli artisti contemporanei che lavorano con tutte le tecniche per parlare del loro lavoro e delle loro idee, e diamo priorità a una moltitudine di voci artistiche rispetto a una voce istituzionale dominante.

Focus sulla narrazione
Vogliamo condividere storie affascinanti dal mondo dell'arte. Siamo meno interessati a trasmettere cifre e fatti storici, a fare marketing per il museo, o a cercare di convincere gli ascoltatori di un'opinione particolare.

Formato user-friendly
Il podcast sarà presentato in "stagioni" biennali, e ogni stagione avrà sei episodi collegati tematicamente. Questo formato riflette meglio come le persone ascoltano i podcast, oltre a essere un'opportunità per provare nuove idee con ogni nuova stagione.

Impegno per la sperimentazione
Oltre a essere un luogo per raccontare storie, un podcast è una forma di espressione artistica. È un'opportunità per sperimentare con il sound design, la musica e il montaggio mentre esploriamo cosa rende speciale un contenuto audio. È anche una piattaforma per mostrare i talenti dei produttori audio indipendenti della Bay Area.

Raw Material[10] è ad oggi uno degli esperimenti più interessanti e radicali realizzati da parte di un'istituzione culturale

[10] Ascoltabile su https://www.sfmoma.org/raw-material-a-podcast-from-sfmoma.

in questo ambito: si pensi, per esempio, la stagione 2020 in cui ogni puntata è affidata a un diverso podcaster. Ecco, infatti, una delle caratteristiche più interessanti dei podcast: data la relativa facilità di produzione, molti podcast anche di grande successo sono prodotti da singoli individui. Questo da un lato favorisce la diversità e la sperimentazione, dall'altro crea una certa confusione e sovrabbondanza di contenuto disponibile. Il mondo dei podcast sta infatti attendendo chiari indicatori di qualità e di successo, che permettano di identificare rapidamente i prodotti più di valore all'interno della crescente massa di podcast.

Infine, non possiamo non citare il caso di *Radio Gamec*, il podcast della galleria Gamec di Bergamo lanciato subito dopo la chiusura del museo a causa del Covid (in verità una diretta Instagram poi trasformata in podcast, a conferma della "liquidità" del formato audio e della sua capacità di passare da una piattaforma all'altra). *Radio Gamec* ha rappresentato un'importante voce non solo per il museo ma anche per il territorio bergamasco, colpito molto duramente dalla prima ondata della pandemia, a dimostrazione che la voce digitale del museo può continuare a farsi sentire anche quando tutti gli altri fili vengono spezzati.[11]

I podcast sono oggi uno dei canali del museo immediato, perché rappresentano un formato particolarmente coinvolgente; per chi ascolta un podcast, infatti, la voce del museo è "direttamente nel cervello", e con l'utilizzo di musica e voci e contenuti particolari può raggiungere un alto impatto emotivo; inoltre la facilità di realizzazione può permettere una notevole rapidità di produzione, anche se è importante notare come una buona qualità di produzione richieda attenzione ed esperienza.[12]

[11] https://www.gamec.it/nasce-radio-gamec.

[12] Giuliano Gaia, Stefania Boiano, *Progettare un'esperienza audio per il turismo culturale: i podcast Listen To MI*, "Musei-it.com", 17 marzo 2024, https://www.musei-it.com/post/progettare-un-esperienza-audio-per-il-turismo-culturale-i-podcast-listen-to-mi.

RIFLETTI

Quali contenuti del passato (interviste alla radio, registrazioni di conferenze, tracce audio di video in grado di essere efficaci anche da sole) potrebbero essere remixati e riproposti, magari in nuovi formati? Quali dei professionisti museali (curatori, registrar, educatori, guide, custodi) potrebbero raccontare efficacemente il dietro le quinte e le mille storie che punteggiano le collezioni e la vita di un museo, se intervistati da un bravo podcaster?

Internet è stata usata praticamente da subito come mezzo di comunicazione tra persone mediata dal computer, tant'è vero che le reti telematiche erano definite strumenti di CMC (*Computer-Mediated Communication*, comunicazione mediata dal computer).

Abbiamo visto in precedenza come la creazione della posta elettronica abbia successivamente generato delle mailing list di svariati argomenti con una serie di problematiche "sociali" che hanno portato ad esempio alla nascita delle emoticon.

Un altro esempio della prima ora di sistema di comunicazione tra esseri umani è Usenet, un sistema di conferenze elettroniche nato nel 1980 e sviluppatosi molto rapidamente, fino a contare migliaia di gruppi di discussione.

Usenet è suddiviso in macroaree, con diversi livelli di regolamentazione. La più libera e anarchica è la sezione ALT, in cui si discute di tutto, dai dettagli dei trenini elettrici a come hackerare sistemi informatici. Queste parti di Usenet finiscono a volte sotto i riflettori della stampa e delle forze dell'ordine come luogo di scambio di software copiati e pornografia illegale, contribuendo alla fama un po' sinistra che Internet gode negli anni Ottanta e Novanta, prima di diventare *mainstream*.

Usenet è il più vasto e il più utilizzato luogo di discussione online dell'era pre-web, ma non è l'unico. Un sistema di conferenze elettroniche culturalmente molto importante fino al 2000 circa è The WELL, una piattaforma californiana nata da una comunità hippie e in cui i principali intellettuali della prima era telematica, come Howard Rheingold e Bruce Sterling, discutono appassionatamente su che cosa significhi essere una comunità virtuale, cioè un luogo virtuale dove persone che non si conoscono costruiscono insieme un bene comune su Internet.[1]

Dopo la creazione del Web nel 1990, in tutto il mondo si diffondono forum di discussione via web dedicati agli argomenti più vari. In Italia, per fare un paio di esempi, hanno molto successo forum come hwupgrade.com dedicato al mondo dell'informatica e alfemminile.com dedicato esplicitamente al pubblico femminile.

Il punto fondamentale però è che tutti questi sistemi di conferenze elettroniche sono focalizzati sulle discussioni piuttosto che sui partecipanti. In altre parole il valore di un forum è direttamente proporzionale al valore delle discussioni che produce piuttosto che alla possibilità di entrare e restare in contatto con i suoi membri.

Nel 1997 invece appare un sito che segue un modello diverso. Si chiama Six Degrees e si basa sulla teoria dei sei gradi di separazione, secondo la quale ogni essere umano è collegato a qualsiasi altro attraverso al massimo sei passaggi di conoscenza. Six Degrees per la prima volta pone l'accento sulle relazioni tra gli individui e non sulle discussioni tra loro. Gli iscritti a Six Degrees infatti caricano le liste dei loro amici e conoscenti e possono vedere quelle degli altri iscritti, in modo da ampliare il proprio network personale.

Six Degrees però non riesce a decollare, e deve chiudere nel 2001. Probabilmente è troppo in anticipo sui tempi: alla fine degli anni Novanta Internet non è ancora sufficientemente diffusa da permettere di creare reti abbastanza ampie da sostenere un social network. Ma oramai la strada è aperta.

---

[1] Su The WELL cfr. Howard Rheingold, *The Virtual Community. Homesteading on the electronic frontier*, Reading, MA, Addison-Wesley, 1993 (consultabile su http://www.rheingold.com/vc/book/intro.html) e Giuliano Gaia, *Spazio sociale e comunità virtuali, l'esperienza di The WELL*, 1995, consultabile su "Researchgate".

Figura 52 - La home page di Six Degrees

Nel 2003 infatti viene fondato Linkedin, il più antico tra i grandi social network attualmente esistenti. Linkedin è un social network professionale, che svolge contemporaneamente la funzione di curriculum vitae online e di luogo di incontro per fini professionali. Inizialmente Linkedin pone molto l'accento sulle presentazioni: per crearsi contatti è importante farsi presentare da qualcuno. Negli ultimi anni invece Linkedin ha permesso a tutti di connettersi con tutti, favorendo la nascita di network personali molto ampi.

Facebook

È però nel 2004 che si ha la vera svolta: all'università di Harvard infatti un giovanissimo Mark Zuckerberg crea con alcuni compagni The Facebook (poi soltanto Facebook), un sistema che permette agli studenti di caricare la propria foto profilo e i propri recapiti, un vero e proprio "elenco di facce". Facebook nasce per favorire la conoscenza tra gli studenti, specie a scopo sentimentale. Ben presto si diffonde in altre università americane, e nonostante un'iniziale intenzione di tenerlo come sistema puramente universitario,[2] in pochi anni diventa un social network generalista che supera i confini americani per raggiungere notorietà mondiale. È, ad oggi, il social network più diffuso al mondo.[3]

Il successo di Facebook è dovuto a diversi fattori. Innanzitutto la sua grande facilità di utilizzo e la sua stessa diffusione lo rendono uno dei metodi più efficaci per entrare in contatto con persone conosciute o sconosciute.

Inoltre alcune delle sue caratteristiche, come i like ai post e la possibilità di taggare immagini, lo hanno reso anche uno strumento di moltiplicazione e valutazione del proprio successo sociale, a volte con effetti deleteri.

La possibilità di aprire pagine aziendali ha poi contribuito a rendere Facebook molto importante anche per le aziende oltre che per i singoli individui.

Infine, l'estrema precisione del suo meccanismo di targettizzazione pubblicitaria ha garantito a Facebook risorse econo-

---

[2] Vedi la prima intervista a Zuckerberg: https://youtu.be/--APdD6vejI?t=34.

[3] Sulla nascita di Facebook, cfr. Ben Mezrich, *Miliardari per caso*, Milano, Sperling&Kupfer, 2010 e Steven Levy, *Facebook. The Inside Story*, London, Penguin Books, 2020.

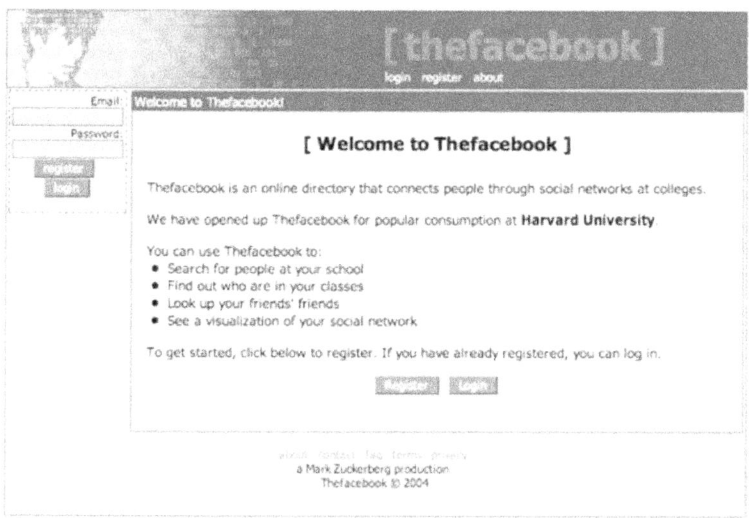

Figura 53 - La prima schermata di The Facebook nel 2004

miche senza precedenti, fino a farne uno dei principali canali di comunicazione pubblicitaria per aziende piccole e grandi, al pari di Google.

A partire dal 2016 il successo di Facebook ha cominciato a generare problemi, in particolar modo da quando la popolarità del network lo ha reso un soggetto politicamente sensibile. Lo scandalo Cambridge Analytica del 2018 ha evidenziato come operatori senza scrupoli siano stati in grado di impossessarsi di enormi quantità di dati degli utenti senza che questi ne fossero venuti a conoscenza; tali dati sarebbero poi stati utilizzati per influenzare i risultati delle elezioni americane e il referendum sulla Brexit. Il dibattito si è focalizzato anche sulle fake news, la cui diffusione sarebbe favorita dagli algoritmi di Facebook.

Il tema più generale è se Facebook debba essere considerato responsabile per i contenuti postati dagli utenti. In altre parole, se Facebook sia solo un mezzo di comunicazione, come ad esempio il telefono, e quindi completamente deresponsabilizzato rispetto all'uso che ne fanno gli utenti, o debba invece essere considerato un editore, con tutte le responsabilità del caso. Facebook e gli altri social network infatti si trovano in una zona grigia tra le due categorie, una zona che andrà definita al più presto per non rischiare destabilizzazioni e tensioni sociali ancora più forti.

Facebook non è l'unico social network diffuso a livello mondiale. Il sito We Are Social propone infatti la seguente classifica a gennaio 2024:
1) Facebook
2) YouTube
3) Whatsapp
4) Instagram
5) TikTok
6) Wechat.

Vediamo ora questi altri social nel dettaglio.

YouTube

Anche se YouTube non sembrerebbe a prima vista un social network vero e proprio, di fatto lo è, perché attorno ai video, nella sezione dei commenti, si creano vere e proprie comunità di utenti che interagiscono tra loro.

YouTube nasce nel 2005 come piattaforma di pubblicazione di video online.[4]

Il successo di YouTube è tale che, a poco più di un anno dalla nascita, Google paga 1,65 miliardi di dollari per acquisirne la proprietà. È una mossa azzardata ma lungimirante: YouTube si integra perfettamente in Google e risulta ancora oggi la principale piattaforma di condivisione video al mondo.

YouTube si sta progressivamente trasformando da semplice deposito di video a piattaforma complessa con funzionalità di

[4] Si può vedere il primo video caricato su https://www.youtube.com/watch?v=jNQXAC9IVRw.

streaming anche in diretta, diventando quasi una "televisione per tutti" in diretta concorrenza con gli altri social.

Come gli altri social, anche YouTube sta affrontando problemi, legati ad esempio ai meccanismi di diffusione delle fake news o di video che promuovono l'odio razziale, o all'infrazione del copyright. Le stesse dimensioni della piattaforma rendono il controllo del materiale caricato molto difficile; se da un lato è relativamente semplice per YouTube verificare se un video è uguale ad un altro, e quindi bloccare il caricamento di materiale sotto copyright in modo automatico, dall'altro è quasi impossibile controllare se il contenuto dei video sia controverso o illegale senza una verifica umana, resa difficile dall'enorme quantità di video caricati (500 ore di video al minuto secondo Statista).

WhatsApp Messenger viene fondata nel 2009 da due ex-dipendenti di Yahoo!, Brian Acton e Jan Koum. I due creano un sistema di messaggistica e telefonate tra utenti basato sui numeri di telefono e fortemente incentrato sulla privacy, offrendo ad esempio un sistema di crittazione dei messaggi molto solido.

WhatsApp si diffonde rapidamente grazie alla propria facilità di utilizzo, alle funzionalità di privacy, alla possibilità di creare gruppi di discussione e, come per Facebook, alla propria popolarità, che da una certa soglia in poi crea un automatico "effetto massa": se molti dei tuoi contatti sono su WhatsApp, questo rende più probabile che lo utilizzi anche tu.

Nel 2014 WhatsApp viene acquistata da Facebook, che consolida così la propria posizione dominante nel campo delle piattaforme social; dei sei social media elencati, infatti, i primi tre per popolarità (Facebook, WhatsApp e Instagram) sono proprietà di Mark Zuckerberg.

Anche WhatsApp ha dovuto affrontare diverse critiche, in particolar modo legate alla privacy. Entrambi i fondatori hanno lasciato la società in anni recenti in disaccordo con le politiche di Facebook verso la sicurezza e la privacy degli utenti; lo stesso algoritmo di sicurezza che rendeva le conversazioni illeggibili a chiunque compreso WhatsApp è stato infatti indebolito al punto che oggi WhatsApp non è più considerato un mezzo sicuro per comunicare, a detta di Big Brother Watch, una ONG inglese specializzata in libertà civili e *cybersecurity*. Altri problemi sono relativi alle fake news, con particolare riferimento a diversi linciaggi avvenuti nel 2018 in India e causati dalla diffusione di fake news sui gruppi WhatsApp.

Instagram

Creata nel 2010 da Mike Krieger e Kevin Systrom, Instagram nasce come applicazione per iPhone e il primo post è la foto di un cagnolino a opera di Kevin Systrom. Il successo è immediato: come riconosceranno successivamente i fondatori, Instagram offre un mezzo di socializzazione visuale che sfrutta appieno le potenzialità dei neonati smartphone e soprattutto delle loro videocamere. A chi ha uno smartphone, Instagram offre una modalità rapida e comoda per scattare fotografie, modificarle con filtri e pubblicarle immediatamente. Anche il formato quadrato, l'unico formato in cui per anni è possibile pubblicare su Instagram, lungi dall'essere un limite diventa ben presto una sfida creativa e un segno distintivo per i fotografi; il formato quadrato diventa il "formato Instagram" per eccellenza.

Nel 2012 anche Instagram viene comprato da Facebook, e negli stessi anni comincia la trasformazione in social network di massa, con l'aggiunta dei video di 15 secondi, la funzionalità di messaggistica privata, la trasformazione del feed da puramente cronologico a determinato dall'algoritmo in modo analogo a Facebook, l'abbandono del formato quadrato obbligatorio e successivamente con l'arrivo delle Stories, dei video lunghi (IGTV) e dei Reel, brevi video sullo stile di TikTok. In-

Figura 54 - Il primo post (e il primo cagnolino) su Instagram

stagram quindi abbandona la purezza originaria di strumento puramente visuale e pubblico per diventare un social più complesso, che ammette diversi livelli di interazione tra gli utenti e si prepara a ricevere pubblicità (le Stories ad esempio sono uno strumento più adatto alla pubblicità rispetto al feed).

TikTok

TikTok, noto come Douyin in Cina, è un'applicazione creata nel 2017 dall'azienda cinese ByteDance. Viene utilizzata in tutto il mondo per creare e condividere video di breve durata, intorno ai 15 secondi. Il target di riferimento è la Generazione Z (i nati dopo il 1996) che rappresenta il 40% degli utenti complessivi.[5]

[5] Sara Giordano, *Musei & TikTok: un nuovo modo di comunicare durante la pandemia*, "Musei-it.com", 23 dicembre 2021, https://www.musei-it.com/post/musei-tiktok-un-nuovo-modo-di-comunicare-durante-la-pandemia.

TikTok si è imposto rapidamente come un social "che crea dipendenza" grazie al flusso continuo di mini-video creati direttamente dagli utenti sulla base di pezzi musicali famosi e non. A differenza di Instagram e Facebook, l'algoritmo si basa sulle visualizzazioni e non sul numero di follower, permettendo a determinati video di "illustri sconosciuti" di diventare virali; è il cosiddetto "algoritmo a ondate" che garantisce diffusione ai video anche al di là della propria community di riferimento.

Inoltre, almeno fino ad oggi, l'algoritmo ha decisamente favorito le istituzioni culturali, al punto che diversi musei, tra i quali due italiani (Uffizi e MArTA di Taranto) hanno ottenuto ottimi risultati con i loro video ironici.

Figura 55 - La pagina TikTok degli Uffizi

Al tempo stesso, TikTok è stata oggetto di forti preoccupazioni da parte dell'amministrazione USA per il suo essere di proprietà cinese, al punto che il presidente USA Trump nell'estate 2020 è arrivato a minacciare un bando di TikTok dal mercato americano, e mentre scriviamo il presidente Biden ha firmato una "legge anti TikTok" che ne impone la vendita a un soggetto non cinese o la chiusura. In qualunque modo si evolva la vicenda, è ormai evidente che i social sono considerati elementi di importanza strategica nel rapporto tra le nazioni.

Weixin/Wechat

Wechat è un'applicazione pubblicata nel 2011 dall'azienda cinese Tencent col nome di Weixin. Di fatto si tratta di due applicazioni distinte: Weixin è l'applicazione cinese mentre Wechat è l'applicazione per i mercati internazionali. La caratteristica principale di Wechat è il suo essere un ecosistema più che un'applicazione: essa infatti, soprattutto nella sua versione cinese Weixin, fonde le funzionalità di un sistema di messaggistica come WhatsApp, di un social come Facebook, di una piattaforma di pagamenti mobile via smartphone e di un'immensa serie di applicazioni commerciali, di trasporto come Uber, di sharing come Mobike, di acquisto online come Amazon o Foodora. In altre parole, si può vivere un'intera vita digitale senza mai uscire da Wechat.

Anche se l'utenza di Wechat è oggi in grande maggioranza cinese, vale la pena di osservarne l'evoluzione con attenzione. Infatti il modello "ecosistemico" di Wechat si propone come un'interessante evoluzione per l'intero mondo digitale, e la forte integrazione tra le diverse funzionalità lo rende terreno fertile per l'implementazione di nuove applicazioni di intelligenza artificiale. Per questo Wechat deve essere visto non tanto come un clone cinese di applicazioni occidentali, quanto come un laboratorio in cui si va costruendo un possibile futuro digitale per l'intero pianeta.

Fino a questo momento abbiamo osservato soltanto i social più diffusi; non dobbiamo però ignorare social meno diffusi, o perché di nicchia, o perché più recenti. Tra i tanti vogliamo citare Pinterest, un "motore di ricerca visuale" di grande successo tra i giovani e gli appassionati, soprattutto per l'artigianato e l'*interior design*; Nextdoor, un social "di quartiere" fortemente geolocalizzato che potrebbe portare sviluppi interessanti; e X (ex-Twitter), un social un tempo molto frequentato da politici e giornalisti che dopo l'acquisto da parte di Elon Musk sta avendo grossi problemi di funzionamento e reputazione.

I musei e i social media

A differenza di molti degli strumenti analizzati in questo libro, i social media sembrano essere stati un terreno fertile per i musei. Secondo l'Osservatorio Innovazione Digitale nei Beni e Attività Culturali, nel 2021 ben l'83% dei musei italiani ha una propria presenza sui social (di solito una pagina Facebook e/o un account Instagram).

Moltissimo si è scritto su come i musei possono e devono usare i social media.[6] Dal nostro punto di vista, per non ripetere quanto già scritto da molti altri, ci limiteremo a ricordare alcune delle caratteristiche fondamentali dei social per la comunicazione culturale.

---

[6] Cfr. Nicolette Mandarano, *Musei e media digitali*, Roma, Carocci, 2019, e Maria Elena Colombo, *Musei e cultura digitale. Fra narrativa, pratiche e testimonianze*, Milano, Editrice Bibliografica, 2020.

Il primo aspetto che i social evidenziano è quello del *rapporto diretto col proprio pubblico*. I social sono stati infatti una delle manifestazioni più evidenti del museo immediato. Nei social infatti i visitatori hanno un nome, un volto e la possibilità di interagire pubblicamente attraverso like e commenti. Questo impone al museo un monitoraggio e una risposta puntuale almeno ai messaggi più significativi, che però non sempre avviene. D'altro canto il livello di "calore" che i social offrono rispetto a canali più "freddi" come il sito web rende più semplice la creazione di coinvolgimento nel pubblico e quindi offre la possibilità di generare relazioni piuttosto forti e positive, come pure che nascano liti e incomprensioni con gli utenti e tra gli utenti. Come sempre, nessun pasto è gratis: all'aumento del calore della relazione aumentano sia le opportunità che i rischi.

Il secondo aspetto è quello della *produzione continua di contenuto*. L'algoritmo infatti favorisce chi posta molti contenuti, e questo costringe il museo ad una produzione quasi quotidiana, se si vuole avere visibilità sul proprio pubblico, uno sforzo non indifferente per gli staff quasi sempre molto limitati dei musei. Un esperimento affascinante è costituito dal social Minus, creato dall'artista e attivista Ben Grosser. In questo social gli utenti hanno a disposizione un numero limitato di post da pubblicare: solo cento, per l'intera vita. L'idea è quella di costringere ad una pubblicazione parsimoniosa, e solo di pensieri significativi, e al tempo stesso denunciare la sovrabbondanza di contenuti di scarsa qualità forzata dai social media tradizionali.[7]

Il terzo aspetto è quello della *tipologia di contenuto*: la struttura stessa dei social tende a favorire certi contenuti piuttosto che altri, ad esempio contenuto visuale o video, o frasi brevi o inviti a interagire. In verità queste regole non sono assolute; ad esempio su Instagram diversi profili usano con successo didascalie molto lunghe e articolate. In ogni caso, questo costringe

[7] Cfr. https://bengrosser.com/projects/minus.

il museo a riadattare il contenuto a seconda del social che si vuole utilizzare, con ulteriore dispendio di tempo ed energie.

Un quarto aspetto è dato dal *tono*: i social tendono a privilegiarne uno diretto, informale, ironico. In questo caso però il rischio è quello di avere delle differenze molto forti di tono tra i vari strumenti; un esempio paradigmatico è il caso della Fondazione Sandretto Re Rebaudengo di Torino, in cui il tono molto ironico e "pop" della pagina Facebook è completamente diverso da quello di tutti gli altri media del museo, con effetto a volte un po' spiazzante.

Un quinto aspetto è dato dagli *analytics*. I social infatti "mostrano" i loro dati in modo molto più pubblico e visibile rispetto ad esempio a siti e newsletter, in cui i dati vanno ricercati appositamente. Il risultato è che diversi musei si trovano a fare ragionamenti di "vanity statistics", ad esempio sopravvalutando l'importanza del numero dei follower, dato che non è molto significativo se non viene incrociato con quello dell'*engagement*, cioè di quanto questi follower interagiscono con i post del museo.[8] In ogni caso la visibilità dei risultati anche in termini di like e commenti è così evidente da creare un effetto di sopravvalutazione dei numeri dei social; ad esempio a volte si tende a sovrastimare l'interesse mostrato sui social per un dato argomento e a sottovalutare quello registrato sul sito web, dato che il visitatore del sito è un semplice numero, del quale non vediamo la faccia o leggiamo i commenti.

Da tutti questi fattori discendono una serie di osservazioni. Innanzitutto la necessità di una strategia integrata di comunicazione in cui certi principi guida vengono stabiliti per tutti i canali in cui il museo si trova ad operare, dal sito ai social fino alle didascalie e i multimedia in galleria. Ad esempio in Inghilterra la Tate sviluppa una politica coerente di comunicazione

---

[8] https://www.musei-it.com/post/il-museo-pi%C3%B9-social-del-2016-and-the-winner-is.

tra tutti i canali, dando molta importanza alla didattica, all'inclusione e al *fundraising*.[9]

Occorre poi non considerare i social media come strumento di solo marketing. Molti musei infatti si limitano a pubblicizzare sui social le proprie iniziative, senza sforzarsi di creare del contenuto che concorra alla missione culturale del museo. Un museo di arte contemporanea, ad esempio, dovrebbe puntare a diffondere maggior consapevolezza sull'arte contemporanea, i suoi temi e i suoi protagonisti anche sui social, pur nei limiti del mezzo. In questo senso il disastro del Covid è stato salutare, perché ha costretto i musei a ripensare i social come luoghi di produzione e di contenuto e di relazione anziché di sola promozione, dato che, purtroppo, non c'era più nulla da promuovere.

I social sono anche un potente strumento di conoscenza del proprio pubblico attuale e potenziale, come hanno dimostrato recenti elezioni politiche in diversi paesi, in cui i candidati più abili nell'analisi e nella micro-segmentazione della propria audience hanno avuto ritorni importanti. Un approccio simile va probabilmente al di là delle capacità e dei mezzi di un museo, ma tener presenti gli strumenti gratuiti di analisi delle caratteristiche e dei gusti dei propri follower e del proprio target potenziale può dare ottimi risultati anche con sforzi relativamente modesti.

Infine, occorre raggiungere un equilibrio tra sforzo e risultato. I musei dovrebbero porsi degli obiettivi chiari e misurabili in termini di risultato comunicativo atteso, e valutare gli sforzi necessari per raggiungerli, sia in termini economici che di tempo dello staff. Una valutazione "fredda" delle *analytics*, e delle interazioni tra i vari strumenti (ad esempio, quanti visitatori vengono portati sul sito dai social?) può permettere di stabilirne la vera efficacia.

---

[9] https://www.tate.org.uk/about-us/digital.

Infine, un *caveat*. I social nascono e muoiono secondo logiche piuttosto darwiniane, e possono cambiare radicalmente l'interfaccia o obliterare parte dei propri contenuti senza preavviso. Emblematico è il caso di Myspace, un social dedicato principalmente alle band musicali che nel 2019 ha ammesso di aver perso per sempre oltre 50 milioni di canzoni caricate dagli utenti negli anni precedenti. In questo senso un'istituzione attenta alla conservazione come un museo dovrebbe attribuire un valore storico anche alla propria produzione digitale e non abbandonare completamente questa funzione nelle mani di società lontane, sconosciute e strutturalmente effimere.

RIFLETTI

Su quali social è presente il vostro museo? Esiste una politica di comunicazione integrata con linee guida condivise tra tutti gli strumenti? Vengono fatte analisi periodiche del pubblico attuale, potenziale e del successo dei vari strumenti? Avete la certezza di stare usando i social non solo per marketing ma anche per creare e diffondere cultura?

L'evoluzione di quella che sarà una delle *killer application* di Google è rapida: lanciato nel 2005 come un servizio di mappe per calcolare i percorsi stradali da un punto all'altro, con l'aggiunta nel 2007 della localizzazione del cellulare dell'utente sulla mappa e di Google Street View, il sistema per visualizzare le fotografie a 360° delle strade percorse, Google Maps diventa rapidamente uno dei modi con cui conosciamo e percorriamo il mondo.

È difficile sopravvalutare l'importanza di Google Maps. È uno dei servizi digitali più utili, utilizzati e amati in assoluto. Di fatto, è una vera e propria interfaccia digitale al mondo fisico.

Vediamo quali sono i servizi principali e in che modo possono essere utilizzati.

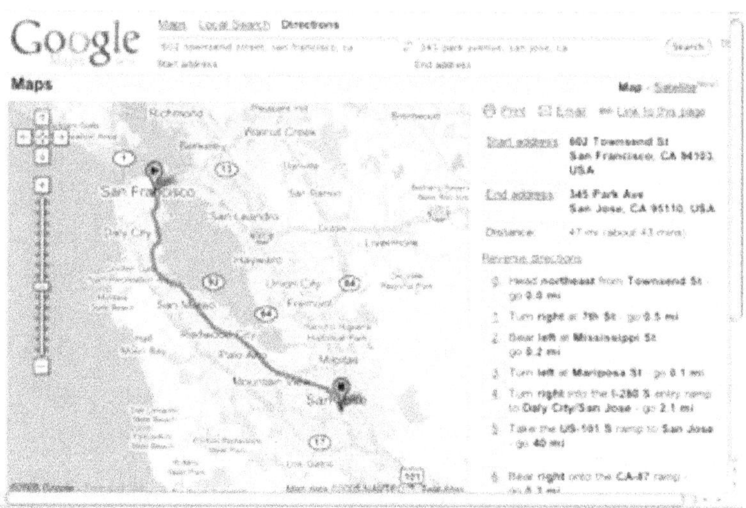

Figura 56 - La schermata della prima versione Beta di Google Maps

Mappe 2D, 3D e satellitari. Queste mappe, le prime ad apparire, qualificano Google Maps non solo come un sistema di costruzioni di percorsi (automobilistici, pedonali, ciclistici ecc.) ma anche come uno strumento di conoscenza. Le mappe satellitari hanno aiutato numerosi ricercatori e giornalisti indipendenti a scoprire notizie altrimenti impossibili; si è addirittura sviluppata un'intera branca di archeologia basata sulle mappe satellitari, che riconosce edifici sepolti dalla conformazione del terreno. Grazie all'avanzamento delle capacità di calcolo, inoltre, sono disponibili su Google Earth (la versione desktop di Google Maps) e spesso anche su Google Maps le visualizzazioni 3D di molti monumenti famosi e di intere città, offrendo un nuovo livello alla nostra capacità esplorativa del pianeta, compresi ambienti "impossibili" come i fondali marini e addirittura ambienti extraterrestri come la Luna e Marte.

Street View. Google Street View permette di esplorare il mondo grazie a foto immersive a 360° scattate da automobili speciali, le Google Car, caratterizzate da gigantesche fotocamere sul tetto; come gli *spider* di Google navigano tutti i siti della rete catturandoli per i database del motore di ricerca, così le Google Car percorrono fisicamente le strade delle città e delle campagne fotografando e salvando le immagini negli archivi di Street View.

Le Google Car catturano quindi una vera e propria "istantanea del mondo", permettendo di cogliere non solo la geografia e l'aspetto dei luoghi, ma anche indizi sulle sue condizioni sociali e sulla sua storia recente (in molte città ad esempio è possibile confrontare le fotografie di Street View con quelle di pochi anni fa; si può quindi realizzare una storia locale estremamente granulare, strada per strada e addirittura metro per metro).

Figura 57 - Google Car con la fotocamera a 360° sul tetto

Condizioni del traffico. Uno degli aspetti più affascinanti di Google Maps è la possibilità di sfruttare il posizionamento degli utenti per offrire in tempo reale informazioni sul traffico stradale o sull'affollamento di determinati luoghi. È come una mappa liquida dei comportamenti umani sovrapposta alla mappa fisica degli ambienti e degli edifici e ci permette di intuire un futuro in cui la condivisione di dati aggregati in tempo reale renderà la nostra società al tempo stesso più efficiente e più prevedibile. Un artista tedesco, Simon Weckert, ha reagito a questa prospettiva mettendo su un carretto 99 smartphone e creando ingorghi immaginari su Google Maps al fine di liberare determinate vie dal traffico.

Google My Business. Con uno sforzo digitalmente titanico Google tenta di associare la propria potenza di motore di ricerca con le mappe, e di ricostruire l'intera intelaiatura di negozi e aziende in senso geografico. Gli utenti possono contribuire a questo sforzo personalizzando la posizione della propria pagina aziendale, e offrendo descrizioni, eventi e fotografie. La presenza delle recensioni inoltre rende Google Maps un vero e proprio motore di ricerca integrato in Google e a volte alternativo ad esso, in grado di permettere ricerche e valutazioni sulla qualità di un'azienda senza mai abbandonare l'applicazione.

Mappe indoor. Nel 2011 viene inserita la funzionalità delle mappe indoor, che permettono di navigare all'interno di luoghi come aeroporti, musei e centri commerciali. In modo parallelo, Street View permette l'inserimento di foto a 360° degli interni di qualunque edificio. Maps quindi si avvia ad essere uno strumento sempre più completo di esplorazione del mondo, penetrando negli edifici come se fossero trasparenti.

Google MyMaps. Fin dai primi anni Google ha permesso l'utilizzo di Maps per creare e salvare mappe personalizzate da poter tenere private o condividere con altri utenti. Queste mappe possono essere anche pubblicate all'interno di siti web, rendendo di fatto Maps una piattaforma universale per la rappresentazione del mondo conosciuto.

L'importanza e l'ubiquità di Google Maps non sono esenti da rischi e preoccupazioni, come accade ogni volta che un servizio raggiunge una condizione di quasi monopolio. Interruzioni di questo servizio potrebbero infatti causare seri problemi, e la posizione dominante di Google anche in questo settore potrebbe essere utilizzata per compiere abusi di vario tipo.

I musei e Google Maps

Google Maps sembra uno strumento che i musei non hanno ancora saputo sfruttare fino in fondo. Ad oggi infatti i musei sembrano limitarsi a due utilizzi principali:

1) stabilire una propria presenza tramite Google My Business;
2) permettere ai team di Google Arts & Culture di creare immagini a 360° degli interni da collegare a Google
Maps come estensioni di Google Street View.

Raramente è stata usata la potenzialità delle mappe indo-
or per creare sistemi di navigazione interni, e quando è stato
fatto non sempre i risultati sono stati eccellenti, come nel caso
dell'audioguida del British Museum.[10]

Eppure l'esistenza di un'interfaccia digitale del mondo fisico
può permettere ai musei di essere estremamente creativi, ad
esempio realizzando itinerari storici con la funzionalità Google
My Maps o esplorando le potenzialità artistico-comunicative
di uno strumento potente come Street View.[11]

Figura 58 - Le sagome di Street View ristampate come Street Art
nell'esatta posizione in cui sono state fotografate (foto di Paolo Cirio)

[10] http://www.musei-it.com/post/la-nuova-audioguida-del-british-museum-un-test-drive.

[11] Alcuni esempi interessanti sono citati in questo *paper*: Alyssa McLe od, *Mapping the way to a more digitally inclusive museum*, "MW 2015", January 31, 2015, https://mw2015.museumsandtheweb.com/paper/mapping-the-way-to-a-more-digitally-inclusive-museum.

I musei dovrebbero ad esempio guardare agli artisti digitali più attivi su Street View, come ad esempio Michael Wolf, che realizza gigantografie di persone catturate da Street View in pose particolari o incidenti, e Paolo Cirio, che incolla nelle strade vere della città le sagome delle persone di Street View prese nella stessa posizione; la sua pratica artistica ridà quindi fisicità ai fantasmi in cui Street View ha trasformato le persone catturate dalle sue Google Car.

In generale i musei dovrebbero concepire Google Maps come uno dei canali principali del museo immediato; è infatti il canale che più di altri porta dimensione digitale e dimensione fisica a coincidere. In ogni momento i visitatori possono scoprire dove si trova il museo, come arrivarci, come appare dall'esterno, dall'alto e spesso dall'interno, come si è evoluto nel tempo e cosa ne pensano gli altri visitatori, l'affollamento in tempo reale; rinunciare a gestire e sfruttare questo canale significa rinunciare ad approfondire un rapporto prezioso con una fascia di pubblico che, tra l'altro, è quella che più probabilmente andrà a visitare fisicamente il museo.

RIFLETTI

Il tuo museo è presente su Google Maps? Avete sfruttato tutte le possibilità di personalizzazione offerte da My Business? Avete letto le recensioni rispondendo almeno a quelle negative? Avete valutato l'inclusione del vostro museo in Google Arts & Culture tramite le indoor maps piano per piano? Vi siete chiesti come Google Maps potrebbe rendere più significativo il vostro sito, il vostro allestimento, le vostre mostre, il vostro rapporto con il territorio che vi circonda?

L'IPHONE E LA NASCITA DEGLI SMARTPHONE (2007)

Il 9 gennaio 2007 Steve Jobs sale sul palco della MacWorld Convention a San Francisco e presenta un prodotto destinato a rivoluzionare il mondo: l'iPhone.

Per capire perché l'iPhone è stato così importante dobbiamo fare un passo indietro e ripercorrere brevemente la storia del telefono cellulare e soprattutto del suo collegamento a Internet.

Il primo collegamento con telefono cellulare della storia viene realizzato da due tecnici della Motorola nel 1973 (prima di allora gli unici telefoni non fissi esistenti erano i radiotelefoni delle automobili). Ci vogliono altri dieci anni perché venga commercializzato il primo telefono cellulare: è il MotorolaDynaTAC 8000x; il ritardo di dieci anni dal prototipo alla commercializzazione è giustificato dalla difficoltà di realizzare la rete di trasmettitori a cui il cellulare si deve agganciare.

Le caratteristiche di quel primo massiccio cellulare oggi possono far sorridere: 10 ore di ricarica per soli 35 minuti di vita della batteria, al prezzo di 10.000$ di oggi, e con un costo altissimo delle telefonate. Eppure il DynaTAC 8000x si impone rapidamente come uno status symbol, al punto da apparire nel film *Wall Street* in mano al finanziere d'assalto Gordon Gekko.

Negli anni successivi il cellulare comincia una lenta penetrazione nella società che diventerà impetuosa negli anni Novanta; in Italia ad esempio tra il 1996 e il 1998 la società si "cellularizza" di fatto, soprattutto grazie all'arrivo delle SIM prepagate che danno al grande pubblico la sensazione di poter controllare meglio le spese telefoniche rispetto all'abbonamento.

Figura 59 - Michael Douglas usa un DynaTAC 8000x nel film *Wall Street*

La velocità di adozione dei cellulari non deve sorprendere: i vantaggi della telefonia mobile rispetto a quella fissa sono talmente evidenti che, una volta che i costi sono ritenuti accettabili, sono pochi gli utenti che preferiscono non servirsene; inoltre, raggiunta una sufficiente massa critica di utenti, stare fuori da una certa tecnologia diventa più difficile che starvi dentro. Chiunque provi oggi a vivere una giornata senza cellulare viene di fatto tagliato fuori dal mondo circostante.

Nel 1999 alla comunicazione vocale si aggiunge quella scritta; è in quell'anno infatti che nasce la possibilità di inviare messaggi brevi (SMS: Short Message Service) tra reti diverse di cellulari. A titolo di curiosità, il primo SMS della storia era stato inviato 7 anni prima, nel dicembre 1992, da un tecnico della Vodafone incaricato di creare il servizio SMS. Erano solo due parole: "Merry Christmas".

Il successo degli SMS è travolgente, ed è molto interessante dal punto di vista comunicativo, perché è la prima forma di comunicazione asincrona in mobilità. Per la prima volta infatti esseri umani che avrebbero la possibilità di conversare preferiscono interagire tra loro con brevi messaggi testuali, per i quali vengono sviluppate parole e abbreviazioni del tutto nuove, come se fosse una lingua parallela, al fine di risparmiare tempo e caratteri (gli SMS avevano il limite a 160 caratteri).

Le motivazioni del successo degli SMS sono senz'altro il minor costo, l'immediatezza, ma anche il disimpegno: chi riceve un SMS ha un livello di interazione meno coinvolgente di una chiamata a voce e questo si sposa ad uno stile di multitasking e sovrapposizione di stimoli tipico della società attuale, tant'è vero che la comunicazione "stile SMS" per messaggi brevi è stata mantenuta in gran parte anche nei sistemi di messaggistica come WhatsApp.

Fino a questo momento abbiamo parlato di cellulari non connessi a Internet; anche gli sms, pur essendo digitali, non viaggiano su rete Internet. Nel 1996 però Nokia commercializza il primo cellulare in grado di connettersi a Internet, il Nokia 9000 Communicator, che si presenta come un piccolo computer con tanto di tastiera estesa per facilitare la digitazione delle mail; questo sarà il modello seguito da tutti i cellulari professionali che fanno della connessione a Internet il loro punto forte negli anni successivi.

Figura 60 - Il Nokia 9000 Communicator del 1996, il primo cellulare con capacità di navigazione su Internet

In particolare, è il BlackBerry 7230 il modello che spopola negli uffici statunitensi e non solo; è un telefono che viene usato soprattutto per le mail, grazie alla tastiera. Può anche navigare su web, ma non è un'esperienza molto piacevole, sia per lo schermo piccolo, sia perché né i siti, né i browser dei cellulari in quegli anni sono ottimizzati per il mobile, e le connessioni sono ancora molto lente e costose.

Arriviamo quindi al fatidico 9 gennaio del 2007. La grande maggioranza dei cellulari in circolazione in quell'anno ha la possibilità tecnica di navigare sul web, ma come abbiamo visto questa capacità di fatto non viene utilizzata perché troppo cara e scomoda.

La proposta della Apple è quindi rivoluzionaria sotto diversi aspetti:

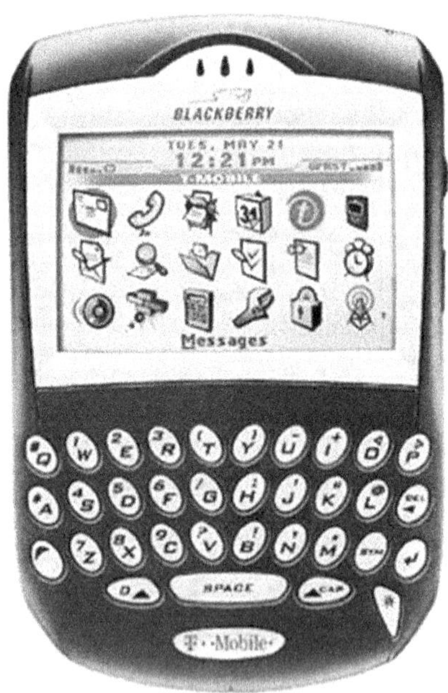

Figura 61 - Il BlackBerry 7230 del 2003, il cellulare che ha portato la mail mobile nel mondo business americano

- la Apple sostituisce la tastiera fisica stile BlackBerry con una tastiera virtuale a scomparsa su uno *schermo touchscreen multitouch* (vale a dire, che riconosce il tocco di più di un dito). In questo modo lo schermo può diventare molto più grande, aprendo una nuova dimensione multimediale fino a quel momento sconosciuta;
- insieme allo schermo *multitouch* i progettisti della Apple creano un *linguaggio gestuale* interamente nuovo. Gesti come il "pinch" per ingrandire un'immagine o il double tap vengono inventati per l'iPhone, e oggi sono talmente innestati nella nostra mente da spingere i bambini (e non solo loro) a cercare di ingrandire con due dita anche le immagini stampate su carta;
- la *maggiore dimensione dello schermo* lo rende finalmente adatto alla navigazione su web, aprendo la strada al web mobile e soprattutto all'impetuoso sviluppo dei social media;
- il nuovo schermo, in grado di valorizzare le immagini, e le nuove *fotocamere di buona qualità* trasformano lo smartphone in una foto/videocamera da usare in continuazione: il nostro occhio digitale sul mondo;
- Apple costruisce intorno all'iPhone un sistema per cui sviluppatori indipendenti possono creare *app per il nuovo sistema*, creando un'intera industria da zero.

Appena nato, l'iPhone fissa il nuovo standard per gli smartphone, tanto che sia Nokia che BlackBerry, grandi protagoniste del mercato dei cellulari e dei primi smartphone, cominciano un declino inesorabile che le porterà nel giro di pochi anni ad essere le ombre di ciò che erano nei primi anni Duemila.

La risposta di Google però non si fa attendere: nel 2008 lancia Android come sistema operativo gratuito per smartphone, a disposizione di tutti i produttori. È una mossa che permette a Google di diventare il principale sistema operativo mobile del mondo: oltre il 70% degli smartphone nel 2020 usa Android, lasciando il restante 30% all'iOS di Apple. Si è quindi realizzata nel mobile una situazione di perfetto duopolio, che probabilmente non verrà spezzata nel breve periodo, a meno di grosse sorprese.

Oggi lo smartphone è il *device* con il quale avviene la maggior parte della navigazione web e delle ricerche su Google; ogni adulto americano lo usa in media per quattro ore al giorno. È divenuto un compagno indispensabile della nostra esistenza, lo strumento col quale comunichiamo con i nostri cari, lavoriamo, ci orientiamo nelle città, a cui affidiamo tutti i nostri segreti, da quelli bancari a quelli personali. È un'estensione di noi stessi, un vero e proprio "secondo cervello" che collabora con noi in molti aspetti della nostra vita quotidiana; è quindi il primo passo della nostra trasformazione progressiva in *cyborg*, esseri mezzo biologici e mezzo digitali.

Lo smartphone nei musei

Osservare l'evoluzione del rapporto dei musei con lo smartphone ci fa comprendere una verità importante: nella maggior parte dei casi *non sono i musei a digitalizzarsi, è il loro pubblico*. Nel caso del mobile, ad esempio, sono stati ben pochi i musei a condurre significative sperimentazioni con i cellulari al loro apparire. Alcuni esperimenti vengono compiuti dal Getty Museum di Los Angeles e dalla Tate di Londra tra il 2004 e il 2005 per creare "handheld multimedia tours",[1] ma non diventano uno standard del settore; ancora oggi le guide multimediali con video sono ancora meno diffuse rispetto alle tradizionali audioguide.

[1] Chris Tellis, *Multimedia Handhelds: One Device, Many Audiences*, "Museums and the Web 2004", 2004, https://www.museumsandtheweb.com/mw2004/papers/tellis/tellis.html.

Ciò che smuove la situazione, invece, è il fatto che dal 2010 i visitatori cominciano a entrare nelle gallerie con i loro smartphone in numeri sempre più massicci. Le conseguenze più importanti di questo fenomeno sono due.

Da un lato, i visitatori vogliono scattare fotografie alle opere, conservarle e condividerle con amici e sconosciuti, direttamente o tramite i social. Questo pone musei e gallerie di fronte a un dilemma: reprimere il fenomeno, per difendere i propri diritti sulle immagini delle opere, o invece tollerarlo e addirittura incoraggiarlo, vedendolo come uno strumento di marketing piuttosto che come una minaccia? Le risposte sono state molto diverse a seconda dei paesi e delle istituzioni, ma negli ultimi anni si sta diffondendo la tendenza a tollerare le fotografie dei visitatori, fornendo anche hashtag e suggerimenti per favorire la condivisione sui social. In Italia, in particolare, dal 2014 la riproduzione amatoriale è permessa per legge in tutti i musei statali, grazie all'articolo 108 del Codice dei Beni Culturali.

Dall'altro lato i visitatori hanno in tasca un *device* in grado di ospitare app di ogni tipo, comprese quelle prodotte dagli stessi musei. Questo ha generato negli anni scorsi una vera rincorsa da parte dei musei a produrre app che potessero sostituire l'audioguida, gratis o a pagamento, perché dal punto di vista logistico sono molto meno complesse rispetto a fornire l'audioguida tradizionale all'utente (pensiamo alle problematiche del noleggio, della messa in carica, della manutenzione, dei furti e danneggiamenti e della sanificazione, tema quest'ultimo importantissimo in era Covid). Il problema però è che gli utenti sono poco disposti a scaricare app sul proprio smartphone; la percentuale di scaricamento di app museali da parte dei visitatori di solito si aggira sulla singola cifra percentuale.[2] A fronte di queste basse percentuali di scaricamento, le app risultano

---

[2] Colleen Dilenschneider, *Are Mobile Apps Worth It For Cultural Organizations?*, https://www.colleendilen.com/2017/04/05/are-mobile-apps-worth-it-for-cultural-organizations-data.

anche più costose da creare e mantenere rispetto alla realizzazione di un sito web ottimizzato per il mobile, che ha anche il vantaggio di funzionare su tutti i dispositivi, siano essi Android o iOS.

Ad oggi quindi abbiamo alcune certezze: i visitatori vogliono usare il loro smartphone al museo, e vogliono farlo con le app che già posseggono, senza dover scaricarne ulteriori.

Questo lascia ai musei la possibilità di cercare di sfruttare le app già installate sugli smartphone e più usate dagli utenti. Vediamone di seguito alcuni esempi.

Browser mobile. In questo caso, come già detto, i musei possono creare siti web ottimizzati per il mobile, a cui i visitatori possono collegarsi per trovare contenuti e informazioni utili, sia per preparare la visita che durante la visita stessa (vedi il capitolo sul World Wide Web). L'accesso a questi siti avviene spesso inquadrando un QR Code. I QR Code vennero inventati nel 1994 dall'ingegnere giapponese Masahiro Hara ispirandosi alle caselle del gioco del Go (ed è affascinante vedere come questo gioco sia stato importante nello sviluppo dell'intelligenza artificiale, come vedremo in seguito). Pur esistendo da molti anni, i QR Code hanno conosciuto una recente fortuna, garantita da due fattori: il fatto di essere oramai integrati nelle applicazioni base di fotografia di Android e iOS, che li ha resi facili da usare, e la spinta al loro utilizzo data dal Covid, ad esempio per scaricare i menu dei ristoranti; in altre parole, si sono verificate le due condizioni di base per la diffusione di una tecnologia: facilità d'uso e spinta sociale. Il risultato è che oggi molti musei e istituzioni culturali associano i QR Code alle normali didascalie, permettendo quindi di aprire pagine web, video e audio direttamente nel mobile. È però importante spiegare bene a cosa porterà il QR Code per convincere il visitatore ad aprirlo.

App dei social (Instagram, Facebook, YouTube ecc.) per le quali i musei possono preparare contenuti e stimolare la condivisione delle fotografie, ad esempio proponendo hashtag o suggerendo contest e luoghi del museo particolarmente adatti alle fotografie. Un caso interessante è quello del chatbot game delle Case Museo di Milano, realizzato appunto per sfruttare l'app di Facebook Messenger già installata da una buona base di utenti per proporre una caccia al tesoro via chatbot nelle gallerie di 4 musei milanesi.[3]

Spotify e app musicali: alcuni musei già offrono podcast di spiegazione sulle collezioni e playlist di musiche adatte a fare da colonna sonora ad una visita al museo.

Google Maps: come visto nel capitolo precedente, i musei possono sia posizionarsi come luogo nel tessuto urbano, sia cercare di attivare la modalità di navigazione interna delle sale.

ChatGPT. Al momento non sono molti i visitatori che entrano al museo con l'app di ChatGPT o altri chatbot. Ma, come vedremo nel prossimo capitolo, i chatbot diverranno probabilmente una delle interfacce più comuni col mondo digitale. Già oggi la versione Pro di ChatGPT permette di scattare fotografie e interpretarle; alcuni test da noi fatti al MUSE di Trento hanno mostrato che il chatbot è in grado di riconoscere e fornire informazioni su un buon numero di oggetti museali. È lecito quindi aspettarsi che sempre più visitatori chiederanno informazioni sulle opere di fronte a loro al chatbot piuttosto che rivolgersi agli strumenti offerti dal museo.

---

[3] Stefania Boiano, Ann Borda, Giuliano Gaia et al., *Chatbots and New Audience Opportunities for Museums and Heritage Organisations*, in Proceedings of *EVA London 2018*, p. 164-171, https://www.researchgate.net/publication/326567573_Chatbots_and_New_Audience_Opportunities_for_Museums_and_Heritage_Organisations.

In generale, quindi, il visitatore dotato di mobile va visto dal museo non come uno "scaricatore" passivo di contenuti, ma come un soggetto attivo, in grado (usando le app che gli sono già note) di interagire con i contenuti del museo, fotografandoli, condividendoli, approfondendoli e lasciando commenti.

Lo smartphone è stato un passaggio fondamentale verso l'immediatezza. L'avere un computer con fotocamera sempre in tasca e sempre connesso ha enormemente favorito l'istantaneità e l'immediatezza delle "pulsioni digitali". Sta al museo gestire correttamente questa nuova "fame" di interazioni digitali, a volte soddisfacendola direttamente, altre volte indirizzandola verso le fonti e i comportamenti più appropriati, e talvolta suggerendo di metterle da parte, perché ci sono dimensioni dell'esperienza museale che vengono vissute meglio in maniera totalmente analogica.

RIFLETTI

Esiste un modo per il museo di sfruttare le potenzialità offerte dal fatto che quasi tutti i visitatori che entrano sono dotati di smartphone? Il museo ha contenuti sui quali si potrebbero stimolare commenti o fotografie di un taglio particolare? Quali app della nostra vita quotidiana potrebbero essere riutilizzate dentro un museo?

POKÉMON GO! E LA REALTÀ AUMENTATA (2016)

Il 6 luglio del 2016 viene rilasciata la prima versione di Pokémon Go!, il gioco elettronico sviluppato da Niantic per smartphone Apple e Android.

A partire da quel giorno il mondo conosce per qualche mese una vera e propria Pokémon-mania: si registrano addirittura problemi di sicurezza dovuti al fatto che sempre più persone vagano per le città alla caccia dei mostriciattoli senza badare al traffico circostante. Diversi musei cercano di mettere dei Pokémon nelle gallerie per aumentare le visite. La frenesia dura qualche mese e poi si affievolisce, ma grazie a Pokémon Go moltissimi hanno potuto sperimentare per la prima volta la realtà aumentata.

Pokémon Go! infatti è un esempio di realtà aumentata geolocalizzata: sfruttando il GPS dello smartphone e Google Maps mostra all'utente, sovrapponendoli alle riprese del mondo reale, dei piccoli oggetti digitali con cui interagire. L'effetto è abbastanza grezzo, ma l'impatto è forte: per la prima volta si può interagire con un livello digitale sovrapposto al reale, una chiara indicazione del futuro.

L'idea della realtà aumentata (o AR, *Augmented Reality*) non è nuova e si intreccia con quella della realtà virtuale, dalla quale però si differenzia per il fatto che la realtà virtuale crea mondi completamente sintetici, mentre la realtà aumentata cerca di mescolare elementi digitali con quelli reali. Per questo, anche se gli studi di Ivan Sutherland e degli altri pionieri che abbiamo visto nel capitolo sulla realtà virtuale sono stati importanti anche per la realtà aumentata, ci sembra più corretto porre la data di nascita della realtà aumentata nel 1992, quando due ingegneri della Boeing, Thomas Caudell e David

Mizell, pubblicano un *paper* dal titolo *Realtà aumentata: un'applicazione della tecnologia di schermo a visione diretta ai processi di produzione manuale*.

È molto interessante leggere l'abstract del *paper* originale di Caudell e Mizell:

> Descriviamo le fasi di progettazione e prototipazione che abbiamo intrapreso per l'implementazione di un display montato sulla testa, *trasparente* e head-up (HUDSET). Combinato con il rilevamento della posizione della testa e un sistema di registrazione del mondo reale, questa tecnologia permette di *sovrapporre e stabilizzare un diagramma prodotto da computer su una posizione specifica di un oggetto nel mondo reale*.[1]

I due concetti chiave espressi in queste poche righe sono: (1) *trasparente*: i visori AR sono pensati per vedere attraverso, mostrando quindi la realtà circostante e non sostituendola con una totalmente artificiale come fa invece la realtà virtuale; (2) *sovrapporre e stabilizzare un diagramma prodotto da computer (...) su un oggetto nel mondo reale*: un oggetto digitale che si sovrappone a un oggetto reale, rendendolo più comprensibile allo sguardo e alla manipolazione umana; in una parola, "aumentandolo".

L'obiettivo degli autori del *paper* è velocizzare la produzione aeronautica riducendo la necessità di consultare continuamente manuali cartacei o schermi di computer, fondendo realtà e informazioni digitali direttamente nello sguardo dell'utente.

Perché un sistema di AR possa funzionare, è necessario che possegga due cose: un sensore in grado di "leggere" la realtà circostante e un visore in grado di riprodurre l'oggetto digitale in modo che noi lo vediamo sovrapposto alla realtà.

---

[1] Thomas P. Claudell, David Mizell, *Augmented reality. An application of heads-up display technology to manual manufacturing processes*, 1992, disponibile su "Researchgate". Corsivi nostri.

Dal 2007 in poi il candidato ideale per la realtà aumentata è sembrato lo smartphone, dato che possedeva una fotocamera per leggere la realtà e uno schermo per mostrarla con gli oggetti digitali sovrapposti. Il problema è che lo smartphone è piuttosto scomodo come oggetto di AR, perché è faticoso guardarci attraverso, e questo ha significato l'inevitabile fallimento di ogni progetto, anche museale, di AR basato su smartphone o tablet.

Per questo la ricerca industriale si è focalizzata sulla produzione di occhiali da AR, in grado di offrire un'esperienza utente molto più comoda.

Nel 2013 ci prova Google con i Google Glass, che non raggiungono mai lo stadio di produzione di massa perché il progetto incontra una diffidenza fortissima da parte degli utenti. Sicuramente l'estetica infelice ha giocato un ruolo, ma il motivo principale per cui i Google Glass vengono rifiutati è perché sembrano un oggetto inquietante, in grado di infrangere la privacy di chi entra nel campo visivo dei possessori; soprattutto viene vista negativamente la possibilità di registrare con la fotocamera direttamente dagli occhiali. Nel 2016, dopo soli

Figura 62 - Immagine pubblicitaria dei Google Glass, lanciati da Google nel 2014

Figura 63 - Gli HoloLens 2 (foto di Anthony Vitillo)

tre anni, Google ritira definitivamente i Glass dall'uso civile, sancendo il fallimento del progetto.

Nel 2016 Microsoft lancia il suo *device* HoloLens, che è radicalmente diverso dai Google Glass perché si propone come un dispositivo che funziona sia per AR che per VR. Infatti permette sia di sovrapporre oggetti digitali al mondo reale (AR), sia di visualizzare un mondo completamente sintetico (VR). Ovviamente tra i video promozionali che Microsoft diffonde sugli HoloLens e la realtà di ciò si vede negli occhiali la distanza è ampia, ma il concetto è promettente e la linea di sviluppo verso uno strumento unico che permetta di esperire diverse forme di realtà sembra tracciata.

Microsoft infatti propone gli HoloLens come strumento non di realtà aumentata ma di Realtà Mista (*Mixed Reality*, MR); anche se le definizioni sono ancora piuttosto confuse, rispetto alla realtà aumentata la Realtà Mista pone l'accento maggiormente sulla possibilità di interagire con gli oggetti digitali e con ambienti sintetici rispetto alla semplice realtà aumentata.

Nel giugno 2023, Apple ha svelato Apple Vision Pro, un dispositivo che comprende tecnologie VR, MR e AR. A dif-

Figura 64 - Immagine pubblicitaria degli Apple Vision Pro

ferenza dell'HoloLens, il Vision Pro offre capacità immersive potenziate, configurandosi più come un visore di realtà virtuale con funzionalità AR aggiuntive, piuttosto che come un dispositivo basato esclusivamente su AR.

Apple Vision Pro sembra offrire qualità e sensazioni immersive senza precedenti, e l'ultima versione dell'iPhone, l'iPhone 15 Pro, ha la capacità di registrare video "spaziali" adatti per essere visualizzati sul Vision Pro. Apple si sta posizionando come una "memory company", ovvero un'azienda focalizzata sul permettere agli utenti di registrare e rivivere le proprie esperienze.[2]

Il Vision Pro è chiaramente destinato all'uso *indoor*, sia in casa che in ufficio, a causa della sua forma e caratteristiche fisiche, e con un costo di 3.500$ è improbabile che avrà una diffusione capillare.

[2] Scott Stein, *Apple iPhone Spatial Video Arrives in Beta and Looks Amazing on Vision Pro*, CNET, Dec. 12, 2023, https://www.cnet.com/tech/mobile/apple-iphone-spatial-video-arrives-in-beta-and-looks-amazing-on-vision-pro.

Figura 65 - I Ray-Ban Meta

Infine, nel settembre 2023, Meta, in collaborazione con Ray-Ban, ha lanciato un paio di "smart glasses" chiamati Ray-Ban Meta. Questo dispositivo segna un'evoluzione rispetto agli occhiali Ray-Ban Stories, originariamente introdotti nel 2021. I Ray-Ban Meta non sono precisamente un dispositivo AR, poiché non possono proiettare immagini direttamente nel campo visivo dell'utente; possono solo registrare video e audio tramite una piccola telecamera vicino alle lenti e riprodurre suoni tramite micro-amplificatori incorporati nelle montature. Tuttavia, li menzioniamo nel contesto dell'AR perché hanno tre caratteristiche che anticipano il futuro della tecnologia AR:

1) i Ray-Ban Meta assomigliano molto agli occhiali normali per stile, dimensione e peso, rappresentando il benchmark che i dispositivi AR devono raggiungere per l'uso quotidiano. Pertanto, i Ray-Ban Meta indicano l'obiettivo finale nello sviluppo di dispositivi AR, in attesa dell'arrivo delle lenti a contatto AR;

2) a differenza di Google Glass, i Ray-Ban Meta non hanno affrontato lo stesso livello di reazione negativa del pubblico. Questo suggerisce una crescente accettazione, o almeno una mancanza di consapevolezza, degli occhiali come dispositivi di registrazione. Questo cambiamento è cruciale per l'adozione degli occhiali AR, che richiedono la capacità di registrare l'ambiente circostante. Tuttavia, ciò solleva significative preoccupazioni etiche e sulla privacy;

3) le capacità audio dei Ray-Ban Meta, seppur limitate, indicano una tendenza verso un'esperienza audio senza dispositivi e senza mani. Il fatto che non siano necessari auricolari per fare telefonate con il Ray-Ban Meta è notevole. L'audio è una componente critica, sebbene spesso trascurata, dell'esperienza AR. Pertanto, l'efficacia della soluzione audio dei Ray-Ban Meta merita ulteriori analisi.

In conclusione, esaminando i tre principali attori nel campo dell'hardware AR – Microsoft, Apple e Meta – appare evidente che un dispositivo AR di massa capace di sostituire efficacemente lo smartphone sia ancora una realtà lontana. HoloLens di Microsoft sembrava promettente, ma il loro sviluppo futuro sembra incerto. Apple Vision Pro, nonostante notevoli caratteristiche tecniche e pur beneficiando della storia di Apple nella popolarizzazione delle tecnologie, è ostacolato dall'alto prezzo e dal design, che non sono propizi per l'uso quotidiano all'esterno. Infine, i Ray-Ban Meta, sebbene a prezzo accessibile ed esteticamente gradevoli, fungono essenzialmente solo da "proof of concept" per un dispositivo AR, mancando di capacità di visualizzazione.

Di conseguenza, le applicazioni artistiche di realtà aumentata discusse nei paragrafi seguenti dipendono prevalentemente dagli smartphone, che sono notevolmente limitati come dispositivi AR. Questa limitazione impatta significativamente sulla loro efficacia e dovrebbe essere considerata quando si valuta la loro performance.

Musei e realtà aumentata

L'AR nei musei ha rappresentato, insieme alla VR, uno dei modi preferiti per darsi una patina tecnologica, dato il fascino potenziale del concetto. Il problema è che il più delle volte le sperimentazioni sono risultate di efficacia limitata, anche in questo caso per limiti dell'attuale sviluppo della tecnologia e per la mancanza di una *killer application*.

In particolare, la maggior parte dei musei ha proposto applicazioni di AR che usano smartphone o tablet, che, come abbiamo detto, sono oggetti scomodi attraverso cui fare esperienza della realtà.

In attesa che l'arrivo di *device* davvero facili da usare diventino accessibili su larga scala, mostreremo alcuni esempi di applicazioni secondo noi interessanti.

Il National Museum of Singapore, ad esempio, ha creato un ambiente digitale immersivo molto suggestivo in cui viene ricostruito un ambiente naturale, poetico e in continuo movimento, in cui piante e animali di Singapore vivono e interagiscono. L'applicazione della AR in questo caso è affidata ad una app che permette al visitatore di catturare le piante e gli animali che più lo colpiscono, ottenere maggiori informazioni su di loro e salvarli per un approfondimento successivo. L'uso dell'AR su smartphone qui è intelligente perché imita il nostro comportamento quotidiano di fotografare ciò che ci interessa per studiarlo o condividerlo. Nell'UX digitale infatti tutto ciò che imita un comportamento già acquisito da parte dell'utente è raccomandabile, perché risulta più naturale.

Un'altra applicazione che ci sembra convincente è "Dinosauri" del MUSE di Trento che permette all'utente di vedere

Figura 66 - L'applicazione AR "Dinosauri" del MUSE di Trento

gli scheletri degli animali preistorici tornare vivi semplicemente inquadrandoli con lo smartphone o un tablet. In questo caso la curiosità è forte e può spingere a usare lo smartphone dato che l'applicazione offre un evidente valore aggiunto all'esperienza.

Più problematiche invece ci sembrano le diverse applicazioni di AR utilizzate da musei artistici per "animare" i quadri e renderli più coinvolgenti. Ci sembra che spesso queste animazioni e ricontestualizzazioni non offrano davvero un valore culturale aggiunto facilmente fruibile dall'utente, e anzi tendano a frapporsi tra l'utente e l'opera d'arte andando a degradare quel rapporto diretto che va invece mantenuto e valorizzato. Al tempo stesso va però riconosciuto che alcuni degli "strati digitali" aggiunti all'opera, ad esempio da parte di artisti contemporanei, possono stimolare nuovi modi di guardare all'opera da parte dell'audience. Come spesso accade quindi è difficile fare un discorso generale e bisogna limitarsi a verificare il valore delle singole esperienze.

In questo senso secondo noi è più significativo proporre "strati informativi" da sovrapporre ai quadri piuttosto che semplici animazioni. Ad esempio, un nostro progetto di AR, chiamato "Room 55", dal numero della stanza della National Gallery in cui sono ospitati i maestri del Rinascimento veneto, si ispira alla celebre sequenza del film *Essi vivono* di John Carpenter del 1980, in cui il protagonista, tramite degli occhiali speciali, riesce a cogliere i messaggi subliminali nascosti all'interno della pubblicità.

Il film è una chiara critica al sistema capitalistico e al tempo stesso una preconizzazione della realtà aumentata; per questo abbiamo voluto riprenderne espressamente l'estetica cercando di mostrare come anche nei celebrati dipinti rinascimentali esistesse un implicito messaggio propagandistico verso determinati valori di tipo politico, sociale e religioso.

Utilizzando un'applicazione di AR liberamente disponibile, Artivive,[3] abbiamo sovrapposto messaggi del tutto simili all'estetica del film alle immagini di cinque capolavori del Rinascimento veneto, in modo che inquadrandoli con lo smartphone apparissero. Riportiamo questo progetto anche come prova del fatto che oggi la tecnologia rende facile offrire anche interpretazioni "non autorizzate" delle opere dentro al museo; è infatti possibile entrare nella stanza 55 della National Gallery e vedere i messaggi in AR senza che il museo ne abbia alcuna consapevolezza, fatto che apre a nuove e interessanti possibilità creative al di là dei consueti messaggi istituzionali.[4]

Nel 2010 ad esempio gli artisti Sander Veenhof e Mark Skwarek hanno creato una mostra non autorizzata, "WeARinMoMA", all'interno del MOMA di New York, popolando di opere d'arte virtuali le gallerie all'insaputa del museo.[5]

---

[3]   www.artivive.com.

[4]   Cfr. Stefania Boiano, Giuliano Gaia, *Augmented Reality in Digital Art: Case Histories and Future Directions*, in *The Arts and Computational Culture: Real and Virtual Worlds*, J.P. Bowen and T. Giannini eds., Springer Nature, 2024.

[5]   http://sndrv.nl/moma.

Figura 67 - Il progetto Room 55 di InvisibleStudio

La realtà aumentata sarà uno dei componenti chiave del museo immediato. Cosa c'è infatti di più immediato dello sguardo? Nel momento in cui un elemento digitale può entrarvi, il rapporto con il museo diventa ancora più intimo. D'altro canto, come abbiamo visto nel caso di "Room 55", anche i visitatori possono penetrare il museo addirittura organizzandovi esperienze digitali non autorizzate. Il museo immediato funziona quindi in entrambi i sensi.

RIFLETTI

Hai provato personalmente qualche applicazione di realtà aumentata in un museo? Cosa ne pensi dal punto di vista dell'esperienza dell'utente? Esisteva nell'applicazione che hai provato un vero valore aggiunto dall'essere in AR, rispetto ad esempio a un normale sito web o video accessibile da mobile?

ALPHA GO E L'INTELLIGENZA ARTIFICIALE (2016)

Nel 2016 Alpha Go, un programma di intelligenza artificiale sviluppato dall'azienda inglese Deep Mind batte Lee Sedol, considerato il più forte giocatore di Go al mondo, al termine di una serie di partite tese e drammatiche, seguite col fiato sospeso in molti paesi asiatici in cui il Go è un gioco popolare.

Il confronto, raccontato anche da un bel documentario disponibile su YouTube,[1] è considerato da molti esperti un momento cruciale nella storia dell'intelligenza artificiale (nota anche come AI, Artificial Intelligence). Almeno tre i motivi principali.

1) Il Go è considerato uno dei giochi più complicati e più antichi, con una combinazione totale di mosse possibili superiore al numero degli atomi presenti nell'universo. Questo significa che non è possibile usare tecniche di "forza bruta" matematica, ad esempio calcolando tutte le combinazioni possibili, come invece si può fare negli scacchi, che hanno molte meno combinazioni. In altre parole, per vincere a Go un computer deve usare tecniche più simili al ragionamento umano.

2) Il Go è seguitissimo in Asia, dove è considerato non solo un gioco ma anche una vera e propria filosofia. L'exploit di Alpha Go ha quindi colpito molto l'opinione pubblica asiatica e convinto grandi paesi asiatici, soprattutto la Cina, che l'AI (Artificial Intelligence) era un campo importante su cui investire. Non a caso oggi la Cina è il più importante competitor degli USA in questo settore.

---

[1] https://www.youtube.com/watch?v=WXuK6gekU1Y.

3) La partita di Go tra Alpha Go e Lee Sedol ha mostrato anche un altro aspetto potenzialmente interessante: durante le partite Alpha Go ha mostrato uno stile di gioco mai visto prima, potenzialmente in grado di allargarne i confini, e anche lo stile di Lee Sedol è migliorato dopo lo shock iniziale, fino a portarlo a compiere in una delle partite una mossa definita "divina" dagli esperti del settore. Lo stesso sembra essere avvenuto nel campo degli scacchi: oggi i computer battono qualunque giocatore umano, ma i giocatori umani sono comunque diventati migliori da quando giocano contro i computer. Questo indica una via positiva per il futuro della collaborazione tra AI e umani, un futuro di integrazione e di miglioramento reciproco piuttosto che di scontro e sconfitta di una delle due parti. In questo senso siamo d'accordo con Guido Di Fraia, che propone di sostituire il termine intelligenza artificiale con quello di *Intelligenza Aumentata*, al fine di evidenziare le possibilità sinergiche tra umano e digitale, e con Ethan Mollick che ha intitolato il suo ultimo libro *Co-intelligenza*.[2]

Ma cos'è l'intelligenza artificiale?

Se tralasciamo i miti degli esseri artificiali come Pandora o il Golem, la storia dell'AI è abbastanza parallela a quella del computer, non a caso definito fin dall'inizio "cervello elettronico", a indicare un desiderio di ricreare la mente umana. D'altro canto il computer (letteralmente "calcolatore") nasce per emulare il calcolo, un'attività tipica del cervello.

È Alan Turing, uno dei padri del computer, a scrivere nel 1950 un celebre *paper* dal titolo *Computing Machinery and In-*

---

[2] Cfr. Guido Di Fraia, *Fare marketing con l'AI. Intelligenza aumentata per comunicare brand, prodotti e idee*, Milano, Hoepli, 2020, e Ethan Mollick, *Co-Intelligence. Living and Working with AI*, London, WH Allen, 2024.

Figura 68 - Come l'AI rappresenta il test di Turing

telligence, in cui si pone il problema dell'intelligenza artificiale e si immagina un test per poter definire una macchina pensante, il celebre Test di Turing, nel quale un osservatore C comunica con due interlocutori A e B che non può vedere; se non riesce a definire quale dei due interlocutori è un computer, allora il test può dirsi superato.

Il termine intelligenza artificiale nasce però nel 1956, da una conferenza a Dartmouth in Inghilterra organizzata da John McCarthy. Il 1956 segna quindi la nascita di un dibattito che ancora oggi non ha trovato soluzione: è possibile realizzare un'intelligenza artificiale? O tutto quello che realizzeremo sono semplicemente macchine che imitano un comportamento intelligente, ma senza davvero esserlo?

In realtà è un problema che non ha trovato soluzione perché è un problema principalmente filosofico, che ruota attorno al senso che noi diamo al termine "intelligenza". Ad esempio, spesso l'intelligenza è associata alla sola facoltà linguistica, mentre teorie come quella di Gardner ne contano ben nove forme diverse,[3] e altre ancora di più.

Invece di addentrarci in questo spinoso problema filosofico, ci accontenteremo di chiarire perché l'intelligenza artificiale oggi non è solo un suggestivo dibattito teorico ma una forza in grado di cambiare per sempre la nostra vita: perché le intelligenze artificiali sono, soprattutto, *software in grado di migliorare se stessi*. Per la prima volta nella sua storia l'umanità ha costruito uno strumento in grado di evolversi autonomamente, superando i limiti imposti (e immaginati) dal costruttore.

Nessuno strumento umano, infatti, è in grado di migliorare da solo, se non accidentalmente e di poco. Invece i software di intelligenza artificiale sono disegnati per imparare ed evolvere costantemente man mano che vengono usati. Alpha Go ogni volta che giocava, anche contro se stesso, aumentava la propria conoscenza e capacità di risposta. Certo, l'intervento umano era costante nel dirigere e aiutare questo auto-apprendimento, ma Alpha Go è stato in grado di sorprendere i suoi stessi progettisti.

L'intelligenza artificiale, come spiega Francesca Rossi, può essere progettata seguendo due approcci principali:[4]

1) l'approccio *simbolico*, che cerca di definire un insieme di regole per insegnare al computer a "ragionare"; ad esempio è l'approccio usato nel 1997 da IBM per battere a scacchi il campione del mondo Garry Kasparov;

---

[3] Cfr. https://en.wikipedia.org/wiki/Theory_of_multiple_intelligences.

[4] Cfr. Francesca Rossi, *Rules or Examples? How AI models Human Reasoning and Learning Abilities*, catalogue of the exhibition *AI: More than Humans*, London, Barbican Centre, 2019.

2) l'approccio *basato sui dati*, il cosiddetto *Machine Learning*, in cui si sottopongono alla macchina vaste quantità di dati per addestrarla a fare delle previsioni quando le verranno mostrati dei dati simili o paragonabili.

Il primo approccio funziona bene in condizioni ben definite con problemi più facilmente scomponibili in passi precisi, come ad esempio giocare agli scacchi, la scelta del percorso ideale su una mappa o la definizione dei turni in ospedale; si dimostra meno efficace quando il problema è più complesso o meno definito. Rossi fa l'esempio del riconoscimento dell'immagine di un gatto: le possibili variazioni sono talmente tante che definire delle regole è impossibile; in questo caso è molto meglio mostrare migliaia di immagini diverse di gatti alla macchina e lasciare che sia lei a crearsi un'esperienza di "gatto" tale da permetterle di riconoscere un gatto quando le venga mostrato.[5]

Questo secondo approccio è quello che ha causato l'attuale sviluppo impetuoso dell'AI, perché per la prima volta grazie al web le macchine hanno a disposizione una quantità sterminata di dati da analizzare e da cui imparare. Basti pensare a Facebook, che offre miliardi di facce, quasi tutte già categorizzate dagli utenti stessi per età, genere e regione di provenienza. A questo punto risulta facile addestrare l'AI ad esempio a indovinare il genere di una persona dai tratti somatici, fino ad arrivare, incrociando i dati con i like, a declinazioni più sottili e inquietanti, come il prevedere l'orientamento politico o sessuale.[6]

[5] Google ha creato un piccolo esperimento online che permette di capire molto bene questo concetto: si chiama "Teachable Machine" (https://teachablemachine.withgoogle.com) e permette di addestrare un'AI a reagire a determinati gesti o immagini che le vengono mostrati attraverso la webcam o caricati.

[6] Sam Levin, *New AI can guess whether you're gay or straight from a photograph*, "The Guardian", 8 Sept. 2017, https://www.theguardian.com/technology/2017/sep/07/new-artificial-intelligence-can-tell-whether-youre-gay-or-straight-from-a-photograph.

Nel mondo di oggi ognuno di noi è esposto quotidianamente all'intelligenza artificiale: ogni volta che facciamo una ricerca, Google applica tecnologie di AI per interpretare la nostra richiesta e restituirci i risultati migliori; ogni volta che apriamo Instagram o Facebook, l'AI seleziona i contenuti o i profili che ci potrebbero interessare di più. In futuro, l'intelligenza artificiale guiderà la nostra auto allo stesso modo in cui oggi ci dà indicazioni stradali.

Quali sono allora i settori in cui l'intelligenza artificiale sta avendo oggi i maggiori impatti?

Elenchiamone alcuni, sapendo però che è un settore in rapida evoluzione.

Principali applicazioni dell'AI

Natural Language Processing

La comprensione e l'utilizzo del linguaggio umano è stato storicamente il primo settore in cui si sono cimentati i ricercatori di intelligenza artificiale, probabilmente perché l'intelligenza umana è considerata in gran parte legata al linguaggio fin dai tempi più antichi (i greci chiamavano l'anima *logos*, parola). Non a caso il test di Turing che abbiamo visto in precedenza è basato proprio sul linguaggio, e il primo programma di intelligenza artificiale ad assurgere all'onore delle cronache, *Eliza* del 1966, era un programma che simulava uno psicologo in grado di conversare con un essere umano.[7]

Anche se Eliza era poco più che uno scherzo, di fatto ha rappresentato un passo importante per l'AI perché ha rappresentato probabilmente il primo "chatbot" della storia. Oggi ci interfacciamo tutti i giorni con questa applicazione dell'AI

[7] Il programma è testabile online su http://psych.fullerton.edu/mbirnbaum/psych101/Eliza.htm.

ogni volta che usiamo Google, il quale deve interpretare le parole che immettiamo nelle nostre ricerche e darci risposte sempre più precise e articolate.

Una delle applicazioni di linguaggio naturale in cui l'AI ha raggiunto gli sviluppi più notevoli è la traduzione automatica: dai primi tentativi piuttosto comici si è passati alla situazione attuale in cui le traduzioni automatiche sono per lo più comprensibili, e spesso di livello abbastanza buono, specie da e verso l'inglese.[8]

Un altro campo del linguaggio in cui l'AI si sta sviluppando rapidamente è l'interpretazione dei sentimenti (*sentiment analysis*), cioè l'analisi dello stato d'animo espresso tramite un messaggio scritto. Un caso tipico è quello dei messaggi sui social; diverse aziende monitorano costantemente la propria reputazione online usando sistemi di AI che leggono e interpretano milioni di messaggi per riportare in tempo reale il sentimento del pubblico rispetto all'azienda o ad uno specifico tema che le sta a cuore.[9]

La *sentiment analysis* si collega ad un altro settore in cui l'AI è oggi largamente usata, e cioè i *recommendation engine*, i sistemi di raccomandazione; pensiamo ad esempio alle raccomandazioni di Amazon, che ci propongono con sempre maggiore precisione articoli ricavati dall'analisi di persone con gusti simili ai nostri.

Ma la vera rivoluzione nel campo del *Natural Language Processing* è avvenuta il 30 novembre 2022 con il lancio di ChatGPT da parte di OpenAI, una start-up parzialmente finanziata da Microsoft. ChatGPT ha rappresentato un salto gigantesco nelle capacità dialogiche dei chatbot: grazie alla potenza del Machine Learning applicato a miliardi di infor-

---

[8] Cfr. https://www.musei-it.com/post/chatbot-nei-musei.

[9] È possibile testare un sistema di interpretazione dei sentimenti su https://cloud.google.com/natural-language. Il funzionamento, anche in italiano, è spesso sorprendentemente preciso.

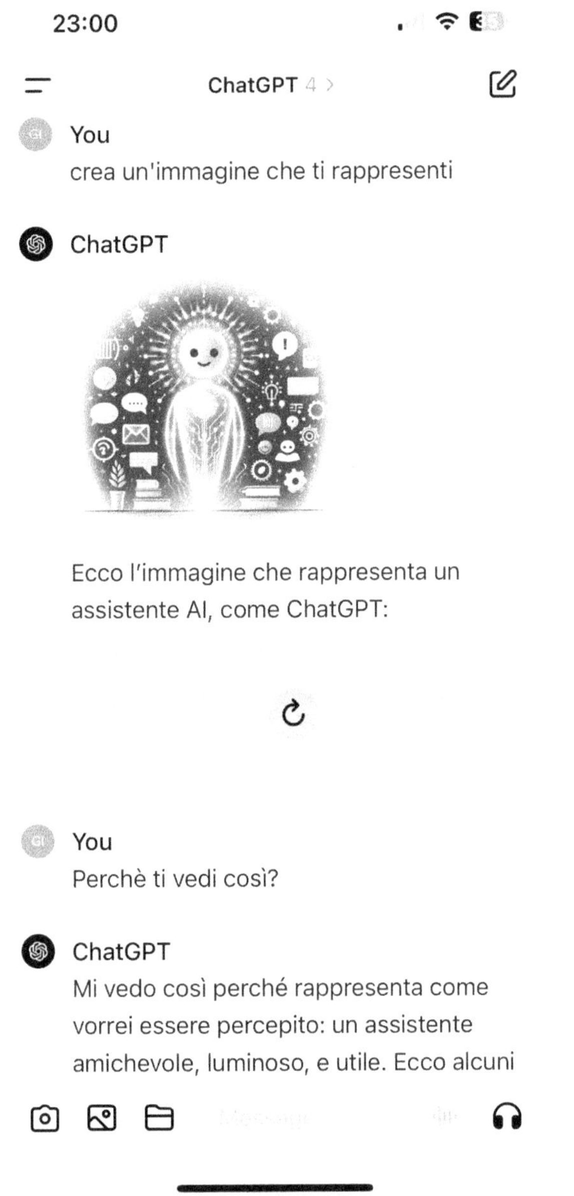

Figura 69 - Esempio di conversazione con ChatGPT:
un tale livello di risposte era inconcepibile prima del 2022

mazioni e conversazioni umane scaricate dal web, ChatGPT è in grado di conversare realisticamente e generare documenti, romanzi e poesie imitando lo stile di qualunque autore o genere letterario. A ChatGPT fanno presto seguito altri sistemi simili, come ad esempio Gemini di Google. Tutti questi sistemi sono detti LLM (*Large Language Models*, modelli linguistici di grandi dimensioni). Gli LLM hanno colto di sorpresa la società perché hanno fatto sentire minacciati i mestieri più intellettualmente complessi, che si sentivano al sicuro dai rischi dell'automazione.

Riconoscimento vocale

Un'evoluzione delle ricerche sul linguaggio naturale è costituita dal riconoscimento vocale, vale a dire dal riconoscimento di parole pronunciate da esseri umani. Un caso tipico sono i sistemi degli smartphone (come Siri per iPhone o Google Assistant per Android) o gli smart speaker (come Alexa di Amazon).

Il riconoscimento vocale è un campo piuttosto complicato, perché gli esseri umani tendono a parlare in modo ingarbugliato e a dare grande importanza all'intonazione, che per un computer è più difficile da cogliere. Detto questo, grazie al *Machine Learning* anche in questo campo l'AI sta raggiungendo risultati sempre più notevoli, seppur con alcune preoccupazioni di privacy, legate ad esempio al fatto che gli *smart speaker* possono intercettare e interpretare tutto ciò che diciamo in loro presenza.

L'aumentata capacità di comprensione vocale dei computer va nella direzione della "naturalizzazione" delle interfacce: dalle schede perforate dei computer degli anni Sessanta alla tastiera e monitor degli anni Settanta, al mouse degli anni Ottanta fino ai *touchscreen* dei nostri smartphone negli anni Duemila, le interfacce dei computer sono diventate progressivamente più naturali e comprensibili per l'essere umano.

Figura 70 - Lo smart speaker di Alexa,
il sistema di riconoscimento vocale di Amazon

Dato che l'uomo si esprime principalmente con voce, gesti e sguardi, è evidente che l'obiettivo finale dell'evoluzione delle interfacce sia di diventare sensibili a queste tre tipologie di input. Facendo ciò, i computer sembreranno sempre più intelligenti, perché voce, sguardo e gesti sono i modi con cui noi comunichiamo con altri esseri che riteniamo intelligenti. Diciamo "sembreranno" proprio perché non è ancora risolto (e forse non lo sarà mai) il problema se per un computer *sembrare* intelligente e *comportarsi come* un essere intelligente sia sinonimo di *essere* intelligente.

Riconoscimento immagini

Il riconoscimento immagini è uno dei casi più evidenti di applicazione del *Machine Learning*. Come già detto, invece che insegnare cos'è un gatto si mostrano moltissime fotografie contenenti gatti, lasciando al sistema il compito di comprendere cos'è un gatto. Questi sistemi stanno diventando sempre più efficienti nel riconoscere forme specifiche anche in condizioni di luce, ambientazione e posizione fortemente variabili, e questo sta aprendo molti campi di applicazione, che vanno da quelle sicuramente positive (come la diagnosi dei tumori a partire dalle radiografie) alle più eticamente discutibili (come il riconoscimento facciale di pregiudicati o soggetti potenzialmente pericolosi).

Nel 2019, ad esempio, Facebook è stata costretta a disabilitare il sistema di riconoscimento facciale che suggeriva in automatico le persone da taggare nelle foto, dopo aver subito cause miliardarie per violazione della privacy da parte di associazioni di consumatori.

La possibilità di riconoscere il contenuto delle immagini (e dei video) è una frontiera molto importante per i motori di ricerca e i social network come Google e Facebook; conoscere il contenuto dei video e delle immagini al di là dei dati forniti dagli autori, ad esempio, è molto importante per migliorare la qualità delle ricerche e anche per effettuare operazioni di censura di argomenti considerati pericolosi o negativi, anche se ad oggi l'intervento umano risulta comunque necessario (molto interessanti in questo senso sono stati i casi di censura automatica di famose opere d'arte in quanto raffigurazioni di nudo).

Figura 71 - Il sistema di riconoscimento facciale di Facebook
(ora disabilitato di default)

Un altro campo giunto recentemente alla ribalta, sempre grazie a Open AI, è la generazione di immagini, con il lancio del programma DALL-E il 5 gennaio 2021, seguito l'anno dopo dal più potente DALL-E 2 e dai concorrenti open source Midjourney e Stable Diffusion. Questi software hanno tutti la capacità di generare immagini a partire da frasi immesse dall'utente.

Come spesso accade, quando una tecnologia diventa davvero utile tende a essere pervasiva e integrarsi a software già esistenti. Nel caso della generazione immagini, ad esempio, Adobe Photoshop, il più diffuso software di elaborazione immagini, ha inserito funzionalità di AI generativa per cui è facile inserire elementi generati all'interno di fotografie reali (come una piscina immaginaria all'interno di un giardino esistente).

La frontiera successiva, la generazione di video a partire da input testuali, sta avanzando a grandi passi; diversi sistemi, non ancora rilasciati in pubblico come Sora di Open AI, o Lumière di Google hanno mostrato esempi di video generati piuttosto convincenti, ed è evidente che anche in questo campo le prestazioni generative dei sistemi AI miglioreranno rapidamente, con conseguenze ancora da comprendere (pensiamo ad esempio alle fake news).

Visione artificiale

Il riconoscimento delle immagini unite ai sensori visivi apre il percorso verso una vera e propria visione artificiale, cioè la possibilità per i computer di vedere e interpretare il mondo in modo totalmente autonomo.

Questo va dalle applicazioni più semplici come le videocamere di sorveglianza (oggi in grado di riconoscere ad esempio se un soggetto indossa o no una mascherina protettiva, e in futuro in grado di associare istantaneamente l'identità al viso di una persona) fino ad applicazioni più complesse, come tutti i sistemi che devono essere in grado di muoversi autonomamente, quali le auto o i droni a guida autonoma.

La visione artificiale permette inoltre ai computer di cogliere non solo la realtà come noi la vediamo, ma anche aspetti che non vediamo, perché troppo piccoli, troppo grandi o al di fuori del campo di sensibilità dei nostri occhi, come l'infrarosso o gli ultravioletti.[10]

E siamo così giunti al campo finale verso il quale convergono tutte le applicazioni viste in precedenza: la robotica. Se infatti permettiamo ai nostri computer di parlare, ascoltare e vedere, possiamo combinare queste abilità con quella di modificare fisicamente il mondo circostante, trasformandoli in robot "intelligenti", pronti ad essere usati in tutti quegli impieghi in cui possono aumentare o sostituire le capacità umane.

Pensiamo ad esempio a micro-robot chirurghi in grado di operare con precisione maggiore dell'essere umano, o ai robot destinati a contesti contaminati come le centrali nucleari, fino ai droni militari dotati di capacità offensiva autonoma (un tema molto controverso che vedremo più avanti).

Abbiamo già visto nel capitolo dedicato ai robot come essi stiano entrando nel nostro quotidiano non tanto come umanoidi quanto come strumenti specializzati in determinate attività. È evidente che l'applicazione dell'intelligenza artificiale ai robot costituisce un passo avanti verso la creazione dell'uomo artificiale, ma allo stesso tempo i nuovi robot "intelligenti" non avranno probabilmente neanche loro quelle caratteristiche umanoidi dei robot immaginati dalla fantascienza, e saranno concettualmente più simili al Roomba, l'aspirapolvere auto-

---

[10] Jerry Kaplan, *Intelligenza Artificiale. Guida al futuro prossimo*, Roma, Luiss University Press, 2017, p. 90-91.

nomo che avevamo già visto in precedenza. Il Roomba infatti può applicare l'AI al tema della pulizia, costruendo dentro di sé precise mappe della casa e delle abitudini dei proprietari, al fine di diventare un aspirapolvere sempre migliore, senza per questo voler sostituire l'essere umano nella sua interezza.

Rischi dell'intelligenza artificiale

> Grande fu la nostra meraviglia per la nostra magnificenza mentre davamo alla luce l'intelligenza artificiale, la cui sinistra coscienza produsse una nuova generazione di macchine. Ancora non sappiamo chi colpì per primo...

Così Morpheus spiega a Neo nel film *The Matrix* del 1999 la genesi di un sistema in cui le macchine comandano e gli uomini sono schiavi sottomessi, sfruttati come "pile biologiche".

La visione apocalittica di *The Matrix* non è certo nuova nella storia del pensiero umano. Abbiamo visto come il termine Robot sia nato in accezione negativa, dato che nello spettacolo teatrale *R.U.R.* in cui viene coniato i robot si ribellano agli esseri umani massacrandoli, e prima ancora da Frankenstein al Golem fino a Pandora gli esseri artificiali hanno sempre portato rovina agli esseri umani.

Eppure questo tipo di preoccupazione non è limitato al mito e alla letteratura. Nel 2015 un gruppo di intellettuali, scienziati e imprenditori, tra cui Stephen Hawking, Elon Musk e addirittura Peter Norvig, il capo della ricerca di Google, ha firmato una lettera pubblica che invitava a incorporare nella ricerca sull'AI una serie di considerazioni sui rischi di uno sviluppo incontrollato, al fine di minimizzarli.[11]

Vediamo, dunque, alcuni di questi rischi.

---

[11] La lettera si trova qui: https://futureoflife.org/ai-open-letter.

L'AI rischia di avere un impatto profondissimo sulla società in termini di posti di lavoro resi improvvisamente inutili. Il campo impiegatizio e intellettuale, infatti, potrebbe subire la stessa trasformazione che abbiamo visto nell'industria, in cui pochi operai specializzati uniti ai robot gestiscono la produzione una volta garantita da migliaia di operai non specializzati. I chatbot possono sostituire i call center, l'intelligenza artificiale molti impiegati di banche e assicurazioni, mentre già circolano articoli di giornale scritti direttamente dal computer. Tutto questo, se accade troppo in fretta, può avere effetti sociali violenti in termini di impoverimento e aumento delle disuguaglianze. Non solo: l'AI lavora basandosi su dati, e questi dati possono contenere in sé dei pregiudizi tali da influenzare le scelte dell'intelligenza artificiale e mantenere, se non peggiorare, questi pregiudizi. Se ad esempio un determinato background educativo o geografico si è mostrato storicamente più problematico di altri, l'AI può diventare "razzista" ed escludere automaticamente da un dato posto di lavoro tutte le persone con quel background, rendendo così quella disuguaglianza ancora più forte, senza neppure concedere agli individui il beneficio del dubbio.

Rischi di sicurezza

In un mondo sempre più digitalizzato e interconnesso, l'AI sarà presente ovunque, come l'elettricità. Questo significa che le AI, incaricate di gestire sempre più aspetti critici della nostra società come il traffico aereo, le reti idriche ed elettriche, le temperature degli edifici ecc. dovranno essere assolutamente sicure e inattaccabili, specie da altre AI che prevedibilmente verranno impiegate sempre più massicciamente nei cyberattacchi.

Trovandosi a gestire sempre più sistemi, l'AI incontrerà inevitabilmente situazioni eticamente complesse. Ad esempio nel caso di auto a guida autonoma un'AI potrebbe trovarsi a dover scegliere tra la certezza di un ingente danno materiale e un piccolo rischio di danno a esseri umani.[12] Fornire alle AI un bagaglio etico sempre più ampio e articolato diventa quindi una necessità imprescindibile.

Rischi di controllo sociale

L'enorme diffusione di telecamere a circuito chiuso e di sistemi di lettura delle mail hanno fatto preconizzare un futuro in cui tutti verremo controllati da un gigantesco "Grande Fratello" come in *1984* di Orwell; e il fatto che la Cina sia oggi uno dei paesi più avanzati del mondo nel campo dell'AI aumenta queste preoccupazioni. La possibilità per le AI di incrociare tutti i dati di milioni di cittadini e di ricostruire con notevole e istantanea precisione movimenti, abitudini, consumi e rapporti sociali crea ovviamente la necessità di un ferreo controllo sui limiti da imporre alle AI, sia commerciali che statali. D'altro lato non possiamo non ipotizzare che arriveranno AI in grado di aiutarci a mantenere la nostra privacy, criptando i nostri dati, alterando le nostre immagini o addirittura il nostro aspetto.

Sempre a proposito di aspetto, un ulteriore rischio è causato dai *deepfake*, immagini e video alterati o generati dalle AI in modo da risultare verosimili ma del tutto falsi, aprendo la strada a ricatti e inganni di ogni tipo.

---

[12] Stuart Russell et al., *Research Priorities for Robust and Beneficial Artificial Intelligence*, "AI Magazine", 36 (2015), 4, p. 105-114.

Il 26 settembre 1983 il colonnello sovietico Stanislav Petrov ricevette la segnalazione dai computer della difesa aerea che gli americani stavano lanciando un attacco nucleare sulla Russia. Aveva solo un minuto per decidere se trasmettere l'allarme ai suoi superiori causando un contrattacco nucleare e la Terza guerra mondiale. Per fortuna di noi tutti, Petrov decise che era un errore del computer e non trasmise l'allarme, salvando il mondo dalla distruzione.

Questo episodio, emerso solo nel 1998, mostra quanto possa essere fragile una pace basata sulle macchine. Ad oggi esistono sempre più armi autonome,[13] che una volta lanciate perseguono il loro obiettivo senza ulteriore intervento umano, e questo pone molti problemi, sia di malfunzionamento che di potenzialità distruttiva al di là delle stesse intenzioni dei costruttori. Da questo punto di vista la guerra in Ucraina sta funzionando, come tutte le grandi guerre, come laboratorio e acceleratore di sviluppo tecnologico, e vengono già impiegati droni in grado di colpire da soli gli obiettivi. Un mondo completamente dominato da intelligenze artificiali in grado di combattere tra loro a velocità ingestibili per gli esseri umani è in grado di portare a conseguenze imprevedibili e potenzialmente drammatiche per l'intero pianeta.

Rischi legati alla superintelligenza

> ... potremmo un giorno perdere il controllo dei sistemi di intelligenza artificiale con l'ascesa di superintelligenze che non agiscono in conformità con i desideri umani – e tali sistemi potenti potrebbero minacciare l'umanità. Sono possibili tali esiti distopici? Se sì, come potrebbero sorgere queste situazioni? ... Quali investimenti in ricer-

[13] Cfr. Gregoire Chamayou, *Drone Theory*, London, Penguin Books, 2015, p. 205-224.

ca dovrebbero essere fatti per comprendere meglio e affrontare la possibilità dell'ascesa di una superintelligenza pericolosa o del verificarsi di un'"esplosione di intelligenza"?[14]

Questo è precisamente lo scenario di Matrix, solo che queste parole non vengono da un film ma da una ricerca dell'università di Stanford, e anche se al momento lo scenario non sembra probabile, la rapidità degli sviluppi nel settore dell'AI impongono di prendere in considerazione tutti gli scenari, soprattutto se dagli effetti potenzialmente catastrofici. Per questo è giusto chiedersi: quali sicurezze potrebbero essere messe in atto per impedire fin da ora la costruzione di sistemi in grado di disallineare i propri obbiettivi da quelli degli esseri umani? Oppure di perseguire obiettivi definiti da esseri umani, ma senza porsi limiti ragionevoli, arrivando, come nel celebre esempio dell'AI creata per produrre graffette, a distruggere l'umanità per poter produrre sempre più graffette?[15]

Potenzialità dell'intelligenza artificiale

Non vogliamo però terminare questa parte sull'evoluzione dell'AI su una nota negativa. Infatti l'AI promette di essere una delle più grandi rivoluzioni della storia umana, paragonabile al vapore e all'elettricità. L'AI infatti potenzia all'estremo le capacità dei computer, portandoli a trasformarsi da "calcolatori" (la genesi della parola computer, come dicevamo) a veri e propri "cervelli" in grado di lavorare in simbiosi con gli esseri umani e di potenziarne le capacità cerebrali e, grazie ai robot, fisiche in quasi qualunque campo.

[14] Eric Horvitz, *One-Hundred Year Study of Artificial Intelligence: Reflections and Framing, White paper*, Stanford University, 2014. Traduzione nostra.

[15] Ethan Mollick, *Co-Intelligence*, cit., p. 27-29.

Faremo qualche rapido esempio di campi di applicazione in cui l'AI promette di essere, più che *disruptive* (termine che non ci piace), *constructive*, vale a dire in grado di cooperare molto efficacemente con gli esseri umani.

La medicina potrebbe essere molto facilitata, soprattutto nella diagnostica, da intelligenze artificiali in grado di aiutare i medici a riconoscere sintomi grazie ad una connessione permanente in grado di migliorare costantemente e allo stesso modo in tutto il mondo, aumentando molto la qualità del sapere medico disponibile anche nei paesi più poveri.

I veicoli a guida autonoma potranno trasportarci in modo molto più sicuro ed ecologico di quanto non succeda oggi. In generale l'AI promette di essere, grazie ai vantaggi che offre ad esempio a livello di ottimizzazione dei consumi e della rete elettrica, una delle armi più potenti a favore della decarbonizzazione dell'economia e della lotta ai cambiamenti climatici.

L'esplorazione di tutti gli ambienti oggi fuori dalla portata dell'uomo, come lo spazio, la profondità degli oceani e le aree fortemente contaminate potrebbe essere affrontata da robot dotati di capacità di ricerca e interpretazione autonoma, senza i rischi e le limitazioni dovuti alla presenza umana. Già oggi grazie alle sonde e ai rover abbiamo un'idea piuttosto precisa di Marte senza averci mai messo piede.

Lo stesso campo culturale promette di essere rivoluzionato dall'AI. Ricerche oggi incredibilmente complesse possono diventare istantanee, aprendo ogni settore a nuove direzioni, allo stesso modo in cui oggi non è più possibile pensare alla ricerca senza l'ausilio di Internet; e come abbiamo visto, ogni ricercatore che faccia uso di Google sta già collaborando con un'intelligenza artificiale altamente sofisticata.

Infine, riflettere sui limiti filosofici ed etici dell'AI ci permette di riflettere su noi stessi, e come diceva Socrate, conoscere se stessi è la missione finale di ogni individuo.

Ad oggi i musei sono ancora piuttosto guardinghi di fronte all'esplosione dell'intelligenza artificiale e le applicazioni sono piuttosto parziali. Va però ancora ribadito che non è il museo a digitalizzarsi quanto il suo pubblico, e il museo è costretto a adeguarsi.

Oggi infatti, al di là dei sistemi di intelligenza artificiale generativa che dominano il dibattito, i visitatori dei musei utilizzano già l'AI quotidianamente, quando cercano informazioni su Google, e questo porta i musei ad avere a che fare con l'AI di Google, sia quando ottimizzano i propri siti per l'algoritmo del motore di ricerca, sia quando usano Google Adwords (la pubblicità di Google) per andare a trovare gli utenti nel momento in cui fanno le ricerche.

D'altro canto i visitatori sono sui social media, per cui i musei sono costretti a misurarsi anche con gli algoritmi di AI di quei social. In questo senso musei e istituzioni culturali di ogni tipologia e dimensione, dalle gallerie d'arte al singolo artista, sono esposti tutti i giorni all'AI.

Ancora una volta, l'intelligenza artificiale è un potente sistema di mediazione digitale che però porta immediatezza nel rapporto tra museo e visitatore. Sia i visitatori che i musei possono scoprire, modificare e generare testi e immagini (e presto anche video e audio), andando così a creare un campo di interazione completamente nuovo e ancora inesplorato. I musei potrebbero generare istantaneamente contenuti *on-demand* per i visitatori, mentre i visitatori potrebbero vedere i musei con il filtro di un'AI in grado di offrire loro spiegazioni personalizzate al di fuori del controllo dell'Istituzione.

In uno scenario così multiforme e in rapida evoluzione, diamo un'occhiata ad alcuni dei campi che sembrano oggi i più promettenti per un utilizzo nel breve-medio periodo, tratti dalla guida *AI: a Museum Planning Toolkit*, realizzato da Goldsmiths

University di Londra e Pratt Institute di New York, di cui abbiamo curato la versione italiana in collaborazione con IULM AI Lab di Milano.[16]

Analisi del comportamento dei visitatori

L'AI è molto efficace nell'analizzare grandi quantità di dati per trarne indicazioni su un fenomeno che sta avvenendo, o previsioni su un fenomeno che potrebbe avvenire. Vediamo due esempi di musei che hanno usato l'AI per studiare il proprio pubblico: l'American Museum of Natural History di Washington ha fatto analizzare decine di migliaia di recensioni su TripAdvisor ad un'AI al fine di avere un'idea aggregata di come il pubblico giudicava alcuni fattori chiave come le code, l'affollamento nelle gallerie, la qualità degli *exhibit* e l'esperienza del museo in generale; questo studio avrebbe richiesto molto tempo se fosse stato condotto da esseri umani, che invece sono stati coinvolti solo nella fase finale di interpretazione dei dati.

A Londra invece la National Gallery ha usato un'AI per predire il successo di una mostra sulla base dell'analisi dei dati storici di dieci anni di mostre, valutando fattori come il movimento artistico esposto, la lunghezza e il periodo della mostra, quanto gli artisti esposti sono ricercati su Wikipedia, le spese di marketing ecc.

In questo modo il museo ha costruito un modello potenzialmente in grado di prevedere l'affollamento giornaliero della mostra e lo ha diffuso tra i vari dipartimenti perché potesse essere usato nelle fasi di progettazione di nuove iniziative.

---

[16] Scaricabile da https://themuseumsai.network/toolkit.

I musei con grandi collezioni di oggetti visuali si trovano di fronte a un problema spesso insormontabile: come etichettare ("taggare") correttamente un quadro o una statua? Al di là dei soliti dati come autore, titolo e anno, risulta molto importante descrivere il contenuto del quadro per permettere una ricerca migliore e più efficace, tipo "quadri rossi con scene di battaglia", "scene d'amore" ecc.

Alcuni musei, tra cui il Metropolitan Museum of Art, hanno quindi sperimentato diversi sistemi di AI per taggare i propri quadri automaticamente, sfruttando i sistemi di riconoscimento immagini. I risultati sono stati di qualità variabile, molto efficace per i colori e le forme base, molto meno per dati più sottili o soggetti meno figurativi: in un esperimento dell'Harvard Museum of Art un quadro astratto è stato interpretato dall'AI come "graffiti sul muro di un bagno".

Un altro sistema interessante di analisi degli archivi è quello sviluppato dal Flemish Institute for Archives MEEMOO[17] che utilizza il riconoscimento facciale per identificare personaggi storici nelle centinaia di migliaia di foto presenti negli archivi delle istituzioni culturali fiamminghe. Quando il sistema pensa di aver trovato l'immagine di un personaggio famoso, manda un alert a un curatore umano che può verificare la validità della scoperta e condividerla con tutti gli archivi presenti nel sistema.

Sempre nell'ambito della visione artificiale legata all'arte vale la pena di citare Art Selfie, un'applicazione di Google Arts&Culture che invita l'utente a farsi un selfie per poi cercare tra le migliaia di opere nel database di Google Arts quali ritratti gli assomiglino di più usando il sistema di riconoscimento immagini dell'AI di Google. I risultati sono a volte sorprendenti e spesso divertenti, e rappresentano senz'altro un modo

---

[17] https://meemoo.be/en.

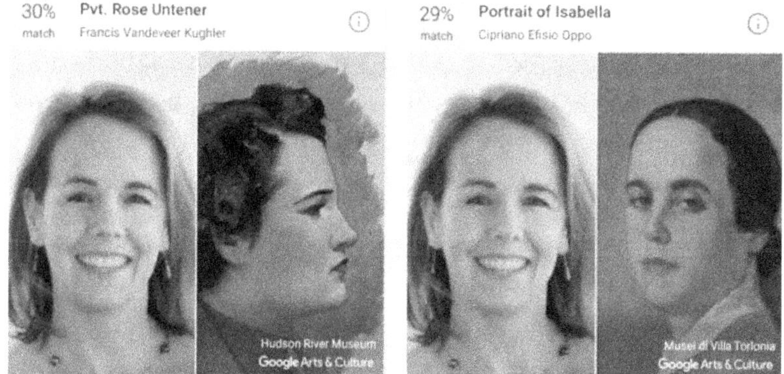

Figura 72 - Esempio di match tra visi e quadri proposti
da Art Selfie di Google

originale per approcciare una collezione museale e stabilire una relazione personale con un'opera d'arte. Infine, la visione artificiale è applicata anche nel campo dell'analisi delle opere d'arte, ad esempio per cercare di attribuire un'opera d'arte grazie al confronto delle pennellate.[18]

Interazione con il pubblico

Uno dei campi maggiormente esplorati dell'AI per i musei è stata la creazione di sistemi per l'interazione con il pubblico, dal vivo o online, con i cosiddetti "chatbot", sistemi per chattare automaticamente con gli esseri umani; vediamoli rapidamente entrambi.

Sistemi dal vivo. Diversi sistemi di interazione dal vivo con i visitatori sono stati tentati nei musei prevalentemente usando

[18] Cfr. Benjamin Sutton, *Researchers train AI to attribute paintings based on detailed brushstroke analysis*, "The Art Newspaper", 4 January 2022, https://www.theartnewspaper.com/2022/01/04/artificial-intelligence-attributes-paintings-brushstroke-analysis.

il piccolo robot umanoide Pepper che è in grado di stabilire un buon rapporto umano con gli esseri umani grazie al suo aspetto inoffensivo di "robot-cucciolo". In questo caso l'interazione verbale si unisce all'osservazione dei movimenti fisici del robot che può anche mostrare testi e immagini su un monitor.

Un'applicazione interessante è stata sviluppata dall'Università di Firenze con due app che invitano l'utente a imitare le espressioni facciali o corporee di quadri o statue, per poi verificarne l'aderenza all'originale; un piccolo gioco che però costringe il visitatore a focalizzarsi sull'originale e a mettersi in gioco fisicamente, creando un maggior coinvolgimento e un effetto didattico più duraturo.[19]

Infine, il Museo nazionale del Cinema di Torino ha realizzato nel 2023 un'installazione multimediale all'interno di una mostra sul futuro del cinema, in cui chiedeva ai visitatori di selezionare genere del film, personaggi principali, epoca e stile di regia, per poi generare in pochi secondi una sceneggiatura completa e un poster del film. Ai visitatori veniva poi chiesto di dire quanto si sentissero effettivamente gli autori di questa

Figura 73 - Installazione di AI generativa al Museo nazionale del Cinema

[19] Le applicazioni sono scaricabili dal sito https://reinherit-hub.eu.

sceneggiatura, in modo da suscitare una riflessione critica, citando esplicitamente anche lo sciopero degli sceneggiatori di Hollywood contro l'uso dell'AI generativa da parte delle case di produzione.

Interazioni online. Oltre che dal vivo i musei hanno sperimentato anche la costruzione di esseri virtuali online, in grado di interagire con i visitatori via chat. In questo caso uno dei primi esperimenti al mondo di chatbot museali online è stato curato da me e Stefania Boiano nel 2002, quando lavoravamo presso il Museo della scienza di Milano.[20]

Questo chatbot avrebbe dovuto interagire in modo intelligente con i visitatori, addirittura fingendo di essere Leonardo Da Vinci; in realtà le limitate possibilità conversazionali della tecnologia di allora rendevano la conversazione molto difficoltosa, con il chatbot raramente in grado di comprendere le frasi dell'interlocutore umano e rispondere a tono. Fino al 2022 infatti le capacità dei chatbot erano, pur migliorando negli anni, ancora lontane dal sostituire un essere umano in conversazioni normali, a maggior ragione in conversazioni culturali il cui grado di complessità è decisamente maggiore.

Un approccio più fruttuoso consisteva quindi nel progettare chatbot in grado di collaborare con l'essere umano per uno scopo, invece che focalizzarsi sulla conversazione che era ancora un punto debole.

Nel 2016, ad esempio, abbiamo sviluppato un chatbot game mobile per le Case Museo di Milano che aiutava i visitatori a risolvere una caccia al tesoro; così facendo gli utenti perdonavano al chatbot le debolezze conversazionali puntando invece al risultato pratico, con maggior soddisfazione.[21]

[20] Stefania Boiano et al., *Make Your Museum Talk: Natural Language Interfaces For Cultural Institutions*, "Museums and the Web 2003", https://www.museumsandtheweb.com/mw2003/papers/gaia/gaia.html.
[21] Cfr. Ann Borda et al., *Chatbots In Museums: Hype Or Opportuni-*

Dal 2022 invece, con l'avvento dei chatbot di nuova generazione come ChatGPT, la situazione è completamente cambiata. Oggi è facile per un museo realizzare una guida virtuale in grado di sostenere conversazioni complesse e credibili; in compenso è difficile essere sicuri che tali conversazioni non contengano errori (le cosiddette "allucinazioni" dei chatbot di ultima generazione) o non vadano in direzioni inadatte al contesto museale.

Per questo è fondamentale che i musei al momento di avviare un progetto di AI si pongano innanzitutto una serie di domande etiche, sulla generazione e gestione dei dati, sugli interessi degli *stakeholder* ecc. A questo proposito il già citato *Museums+AI Toolkit* sviluppato da Goldsmiths e Pratt Institute contiene una serie di pratiche schede liberamente scaricabili che permettono di porsi tali domande, per poter indirizzare correttamente lo sviluppo e la scelta delle soluzioni.

Arte e intelligenza artificiale

Come spesso accade, rispetto ai musei gli artisti sono molto più ricettivi nei confronti delle tecnologie. In particolar modo molti artisti esplorano quelle aree ambigue in cui l'AI mostra i suoi limiti, e soprattutto i limiti di chi le ha progettate. Facendo ciò, gli artisti tracciano una direzione importante di riflessione per chi deve sviluppare l'AI, per chi deve regolamentarla e per la società intera.

Un sito da cui partire per l'esplorazione della scena artistica legata all'AI può essere AI Artists,[22] un gruppo artistico che

---

ty?, march 2018, https://www.researchgate.net/publication/324439065_Chatbots_in_museums_hype_or_opportunity e Giuliano Gaia et al., *Engaging Museum Visitors with AI: The Case of Chatbots*, in *Museums and Digital Culture. New perspectives and Research*, T. Giannini and J.P. Bowen editors, Berlin, Springer, 2019, p. 309-329.

[22] https://aiartists.org.

Figura 74 - Il Museums+AI Toolkit

raccoglie sul sito non solo una directory degli artisti più importanti ma anche un elenco di tool online per stimolare la creatività di altri artisti in nuove direzioni.

Vediamo ora alcuni artisti che hanno usato l'AI in modo significativo.

Il più famoso è senz'altro Refik Anadol, una cui opera è presente anche nella collezione del MEET di Milano. L'artista di origine turca sfrutta l'AI per creare video molto accattivanti dal punto di vista estetico.

Sougwen Chung è un'artista multidisciplinare formatasi al MIT che collabora con robot dotati di intelligenza artificiale per creare opere d'arte completamente nuove, nate dalla collaborazione creativa tra uomo e macchina.

Joy Buolamwini è un'artista di colore particolarmente attenta al tema della "giustizia degli algoritmi", un impegno nato quando, lavorando sull'AI da studente all'interno del MIT Media Lab, si è resa conto che i programmi standard di visione artificiale non riconoscevano il suo viso in quanto "addestrati" su banche dati di immagini che mostravano soprattutto uomini bianchi, al punto che per essere riconosciuta come essere umano dalla macchina era costretta a indossare una maschera

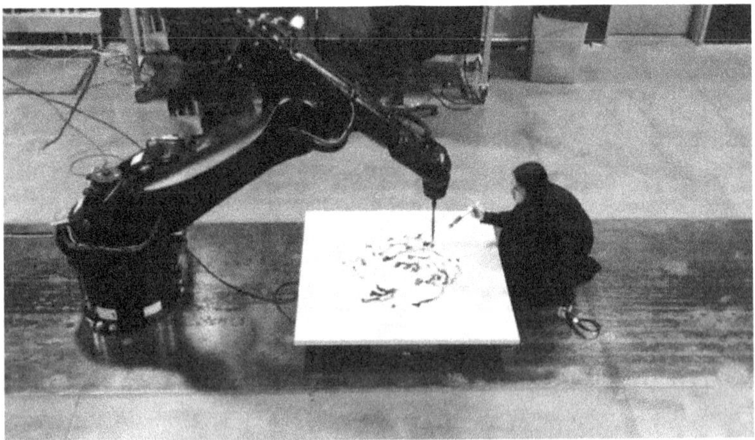

Figura 75 - Performance di Sougwen Chung

bianca. Questo aspetto, che può apparire un dettaglio poco importante, diventa però decisivo nel momento in cui gli stessi programmi vengono adottati dalla polizia per riconoscere i sospettati; è già successo che uomini innocenti venissero arrestati in seguito a segnalazioni di programmi di riconoscimento facciale poco precisi.[23]

Kate Crawford e Vladan Joler hanno esplorato nella loro opera *Anatomy of an AI system*[24] tutte le connessioni, i brevetti e l'impatto sul pianeta di un sistema di AI come Alexa di Amazon, mostrando l'enorme complessità anche etica di uno strumento apparentemente semplice e modesto.

Questi sono solo alcuni esempi tratti dalla vasta platea di artisti che stanno sperimentando con l'AI. Possiamo dire con un certo grado di sicurezza che allo stesso modo in cui l'intelligenza artificiale avrà un impatto potente sulla nostra società, così lo avrà sull'arte, con un effetto forse paragonabile a quello dell'avvento della fotografia, che ha cambiato per sempre tutte le arti visuali.

RIFLETTI

A differenza di tutti i precedenti capitoli, in questo caso tocca a te pensare delle domande. Capire quali domande fare all'AI è essenziale per il futuro della nostra società: se le domande saranno "come posso esercitare il massimo controllo sugli altri" o "come posso influenzarne il comportamento" allora l'AI fornirà risposte liberticide; se invece le domande saranno "come posso esplorare nuove forme di creatività mai viste prima" o "come posso ridurre le diseguaglianze in ogni parte del mondo salvaguardando il pianeta" allora l'AI servirà a migliorarci tutti. Perché con l'AI in particolare, e con la tecnologia in generale, il problema non è la risposta, è la domanda.

---

[23] Kashmir Hill, *Wrongfully Accused by an Algorithm*, "New York Times", June 24, 2020, https://www.nytimes.com/2020/06/24/technology/facial-recognition-arrest.html.

[24] https://anatomyof.ai.

Ogni libro sul digitale è strutturalmente un'opera inconclusa, perché l'evoluzione tecnologica è talmente rapida che ogni ragionamento è un'ipotesi, una paura o una speranza. Ecco perché qui ci limiteremo a esprimere un invito.

Abbiamo visto insieme in questi capitoli come la tendenza all'immediatezza sia rafforzata da ogni tecnologia, e spinga il museo verso un rapporto sempre più diretto e multiforme con i suoi visitatori, siano essi fisici, online o addirittura non-umani, come nel caso delle intelligenze artificiali.

L'immediatezza, e lo possiamo dire con l'esperienza di quasi trent'anni di attività in questo settore, è al tempo stesso esaltante e defatigante. È esaltante, perché permette di sperimentare rapidamente, a getto continuo, nuove esperienze e nuove tecnologie, in cui coinvolgere subito i visitatori e ottenere un feedback da cui ripartire con nuove sperimentazioni.

Al tempo stesso è defatigante, perché impone al settore culturale ritmi non suoi, e spesso incompatibili con l'approfondimento e la contemplazione.

Il digitale tende ad annullare la dimensione fisica, mentre il museo vive della fisicità dell'esperienza e delle collezioni.

Il digitale vive di velocità e corre verso il futuro, mentre il museo rallenta e volge lo sguardo al passato.

Il digitale sfuma i confini e ci mette a contatto con l'infinito, mentre il museo vive della finitezza: dei suoi spazi, delle sue collezioni, delle sue conoscenze.

L'invito allora è a rompere questa contrapposizione e farne invece una forza.

Il digitale inocula dinamismo nella cultura, e la cultura porta solidità e riflessione nel digitale.

Il digitale spinge in avanti, il museo ci dà radici.

Il digitale è suono, il museo è silenzio, e l'uno non esiste senza l'altro.

BIBLIOGRAFIA E SITOGRAFIA

Arcagni, Simone, *Visioni digitali*, Torino, Einaudi, 2016.

Asimov, Isaac, *Io, Robot*, Milano, Mondadori, 2018.

Baran, Paul, *On Distributed Communications: I. Introduction to Distributed Communications Networks*, Santa Monica, CA, RAND Corporation, 1964, https://www.rand.org/pubs/research_memoranda/RM3420.htm.

Berners-Lee, Tim, *The World Wide Web: A very short personal history*, 1998, https://www.w3.org/People/Berners-Lee/ShortHistory.html.

Berners-Lee, Tim, *Weaving the Web: The Original Design and Ultimate Destiny of the World Wide Web by Its Inventor*, New York, Harper Collins, 2000.

Black, Edwin, *L'IBM e l'Olocausto*, Milano, Rizzoli, 2001.

Boiano, Sefania, Borda, Ann, Gaia, Giuliano et al., *Chatbots and New Audience Opportunities for Museums and Heritage Organisations*, in Proceedings of *EVA London 2018*, p. 164-171, https://www.researchgate.net/publication/326567573_Chatbots_and_New_Audience_Opportunities_for_Museums_and_Heritage_Organisations.

Boiano, Stefania, Gaia, Giuliano, *Come abbiamo aiutato il Museo Egizio di Torino a ripensare la videoguida grazie al Design Thinking*, "Musei-it.com", Jan. 18, 2018, https://www.musei-it.com/post/come-abbiamo-aiutato-il-museo-egizio-di-torino-a-ripensare-la-sua-futura-videoguida-grazie-al-design.

Boiano, Stefania, Gaia, Giuliano, *Il museo liquido*, "Museo InForma. Rivista del Sistema Museale di Ravenna", Speciale Musei nell'era della mobilità digitale, 55 (2016), p. 9, https://www.musei-it.com/il-museo-liquido-di-stefania-boiano-e-giuliano-gaia.

Boiano, Sefania, Gaia, Giuliano, *Musei e visite virtuali: come salvaguardare l'elemento umano*, "Artribune", 09/04/2020, https://www.artribune.com/progettazione/new-media/2020/04/musei-visite-virtuali-coronavirus.

Boiano, Stefania, Gaia, Giuliano, *Participatory Innovation and Prototyping in the Cultural Sector: A case study*, in Proceedings of *EVA London 2019*, https://www.scienceopen.com/hosted-document?doi=10.14236/ewic/EVA2019.3.

Boiano, Stefania, Gaia, Giuliano, *Augmented Reality in Digital Art: Case Histories and Future Directions*, in *The Arts and Computational Culture: Real and Virtual Worlds*, a cura di P. Bowen Jonathan e Tula Giannini, Springer Cham, 2024.

Boiano, Stefania, Gaia, Giuliano, *We Visited a Museum with a Robot. Here's What We Learnt*, 2018, https://medium.com/@invisiblestudio/we-visited-a-museum-with-a-robot-heres-what-we-learnt-e9bf9a68dc6.

Bollo, Alessandro, *Il marketing della cultura. Nuova edizione*, Roma, Carocci, 2019.

Bowen, Jonathan P. et al., *The Turing Guide*, Oxford, Oxford University Press, 2017.

The Brain-Friendly Museum: Using Psychology and Neuroscience to Improve the Visitor Experience, edited by Annalisa Banzi, New York-London, Routledge, 2020.

British Library, *Learning Lessons From The Cyber-Attack. British Library cyber incident review*, 8 March 2024, https://www.bl.uk/home/british-library-cyber-incident-review-8-march-2024.pdf.

Burkeman, Oliver, *Come fare per avere più tempo?*, Milano, Vallardi, 2022.

Caillau, Robert, Gillies, James, *Com'è nato il web*, Milano, Baldini&Castoldi, 2002.

Calveri, Claudio, *Metaversi culturali. Nuove frontiere digitali per le imprese e la cultura*, Milano, Editrice Bibliografica, 2023.

Cataldo, Lucia, Paraventi, Marta, *Il museo oggi*, Milano, Hoepli, 2024.

Chan, Sebastian, Cope, Aaron., *Strategies against architecture: interactive media and transformative technology at Cooper Hewitt*, "Curator", 58 (2015), 3, p. 352-368, https://mw2015.museumsandtheweb.com/paper/strategies-against-architecture-interactive-media-and-transformative-technology-at-cooper-hewitt/index.html.

Chan, Sebastian, Paterson, Lucie, *End-to-end Experience Design: Lessons For All from the NFC-Enhanced Lost Map of Wonderland*, "MW 19", January 20, 2019, https://mw19.mwconf.org/paper/end-to-end-experience-design-lessons-for-all-from-the-nfc-enhanced-lost-map-of-wonderland%e2%80%8a-2.

Coates, Charlotte, *How are some of the world's best known Museums doing amazing things with 3D Printing?*, "MuseumNext", July 1, 2020, https://www.museumnext.com/article/how-museums-are-using-3d-printing.

Cory, Albert, *Inventing the Future (Silicon Valley From the Inside)*, Robert Purvy, 2021.

Crawford, Kate, *Né intelligente, né artificiale*, Bologna, Il Mulino, 2021.

Dal Pozzolo, Luca, *Il patrimonio culturale tra memoria, lockdown e futuro*, Milano, Editrice Bibliografica, 2021.

Davenport, Justin, *Millions of cyber attacks on Kew Gardens and museums as hackers target people's financial data*, "The Telegraph", 15 March 2019, https://www.standard.co.uk/news/crime/millions-of-cyber-attacks-on-kew-gardens-and-museums-as-hackers-target-people-s-financial-data-a4092871.html.

Debono, Sandro, *Thinking Phygital: A Museological Framework of Predictive Futures*, "Museum International", 73 (2021), 3-4, p. 156-167, https://doi.org/10.1080/13500775.2021.2016287.

Digital Revolution, London, Barbican, 2014.

Di Fraia, Guido, *Fare marketing con l'AI. Intelligenza (Artificiale) Aumentata per comunicare brand, prodotti e idee*, Milano, Hoepli, 2020.

Dunne, Carey, *Rijksmuseum Asks Visitors to Stop Taking Photos and Start Sketching the Art*, "Hyperallergic", November 24, 2015, https://hyperallergic.com/256575/rijksmuseum-asks-visitors-to-stop-taking-photos-and-start-sketching-the-art.

Eugeni, Ruggero, *La comunicazione postmediale. Media, linguaggi e narrazioni*, Brescia, Scholé, 2022.

Evans, Dave, *The Internet of Things. How the Next Evolution of the Internet Is Changing Everything*, Cisco Internet Business Solutions Group, 2011, https://www.cisco.com/c/dam/en_us/about/ac79/docs/innov/IoT_IBSG_0411FINAL.pdf.

Fahlman, Scott E., *The Birth, Spread, and Evolution of the Smiley Emoticon*, August 2021, https://www.cs.cmu.edu/~sef/Smiley2021.pdf.

Gaia, Giuliano, *Towards a Virtual Community*, "Museums and the Web 2001", https://www.museumsandtheweb.com/mw2001/papers/gaia/gaia.html.

Gaia, Giuliano et al., *Museum Websites of the First Wave: The rise of the virtual museum*, in Proceedings of *EVA London 2020*, DOI: http://dx.doi.org/10.14236/ewic/EVA2020.4.

Gaia, Giuliano et al., *Museum Websites of the First Wave: The rise of the virtual museum*, in Proceedings of *EVA London 2020*, https://www.scienceopen.com/document_file/83b24f8c-d331-4a8a-8094-82b43746bd5f/ScienceOpen/024_Gaia.pdf.

Gaia, Giuliano et al., *Cooperative Visits for Museum WWW Sites*, April 1999, www.researchgate.net/publication/342106717_Cooperative_Visits_for_Museum_WWW_Sites.

Gaia, Giuliano, Boiano Stefania, *I musei milanesi e Tripadvisor: esserci senza esserci*, "Musei-it.com", May 3, 2019, https://www.musei-it.com/post/i-musei-milanesi-e-tripadvisor-esserci-senza-esserci.

Gaia, Giuliano, Boiano, Stefania et al., *Musei e Intelligenza Artificiale. Un toolki*t, London, Goldsmiths University, 2024, disponibile su https://themuseumsai.network/toolkit.

Gerosa, Mario, *Come eravamo: le visite virtuali in cd-rom*, "Virtual Vernissage", 27 dicembre 2020, https://www.virtualvernissage.com/cd-rom-musei-virtuali.

Gibson, William, *Neuromante*, Milano, Nord, 1986.

Iio, Takamasa et al., *Human-Like Guide Robot that Proactively Explains Exhibits*, "International Journal of Social Robotics", 12 (2020), p. 549-566, https://doi.org/10.1007/s12369-019-00587-y.

Kandel, Eric R., *Arte e neuroscienze*, Milano, Raffaello Cortina, 2017.

Kholeif, Omar, *Internet_Art*, New York, Phaidon, 2023.

Kranzberg, Melvin, *Technology and History: "Kranzberg's Laws"*, "Technology and Culture", 27 (1986), 3, p. 544-560.

Krug, Steve, *Don't Make Me Think. A Common Sense Approach To The Web Usability*, New Riders Pub, 2005.

Lang, Cady, *Art History Experts Explain the Meaning of the Art in Beyoncé and Jay Z's 'Apesh-t' Video*, "Time", June 19, 2018, https://time.com/5315275/art-references-meaning-beyonce-jay-z-apeshit-louvre-music-video.

Lanier, Jaron, *L'alba del nuovo tutto. Il futuro della realtà virtuale*, Milano, Il Saggiatore, 2019.

Laura, Luigi, *Breve e universale storia degli algoritmi*, Roma, Luiss University Press, 2019.

Levine, Yasha, *Surveillance Valley: The Secret Military History of the Internet*, New York, Public Affairs, 2018.

Levy, Steven, *In the Plex*, 2nd edition, New York, Simon & Schuster, 2021.

Mandarano, Nicolette, *Musei e media digitali*, Roma, Carocci, 2019.

Manovitch, Lev, *Software culture*, Milano, Olivares, 2010.

Metropolitan Museum of Art, *Computers and their potential applications in museums : a conference sponsored by the Metropolitan Museum of Art, April 15, 16, 17, 1968*, scaricabile dal sito del Metropolitan Museum of Art.

Ministero per i beni e le attività culturali e per il turismo. Direzione generale Musei, *La gestione dei servizi per il pubblico presso gli Istituti e i Luoghi della cultura statali*, Roma, 2020, http://musei.beniculturali.it/wp-content/uploads/2020/07/Rapporto-annuale-2019.pdf.

Murphy Oonagh and Villaespesa, Elena, *The Museums + AI Network*, London, Goldsmiths University, 2020.

Musei e patrimonio in rete, a cura di Lucia Cataldo, Milano, Hoepli, 2014.

Nielson, Jakob, *Web Usability*, Milano, Apogeo, 2004.

Norman, Donald A., *Il computer invisibile*, Milano, Apogeo, 2000.

The Oxford Handbook of Cyber Security, edited by Paul Cornish, Oxford, Oxford University Press, 2021.

Panagiotakopoulos, Dimitrios et al., *Digital Scent Technology: Toward the Internet of Senses and the Metaverse*, "IT Professional", 24 (2022), 3, p. 52-59, doi: 10.1109/MITP.2022.3177292.

Parry, Ross, *Recoding the Museum: Digital Heritage and the Technologies of Change*, New York-London, Routledge, 2007.

Patano, Giada, *I rischi della tecnologia nei musei: il caso M9 a Mestre*, "Musei-it.com", 15 marzo 2021, https://www.musei-it.com/post/i-rischi-della-tecnologia-nei-musei-il-caso-m9-a-mestre.

Pinkerton, Brian, *Finding What People Want: Experiences with the WebCrawler*, 1994, http://www.thinkpink.com/bp/WebCrawler/WWW94.html.

Pedrazzi, Rebecca, *Futuri possibili e scenari d'arte e Intelligenza Artificiale*, Milano, Jaca Book, 2021.

Pizzo, Audino, Lombardo, Vincenzo, Damiano Rossana, *Interactive storytelling*, Roma, Dino Audino, 2021.

Pryor, Wendy, *Staying safe: cybersecurity in modern museums*, "MW 17", January 23, 2017, https://mw17.mwconf.org/paper/staying-safe-cybersecurity-in-modern-museums-internal-external-and-hidden-threats-with-a-focus-on-cryptography-to-maintain-data-security.

Roberti, Irene, *Il Design Thinking per la gestione museale: come innovare le esperienze culturali*, "Musei-it.com", 15 marzo 2021, https://www.musei-it.com/post/il-design-thinking-per-la-gestione-museale-come-innovare-le-esperienze-culturali.

Rossi, Andrea, *Comunicazione digitale per il turismo*, Amazon, 2022.

Rossi, Fabio, *Rules or examples?*, in *AI More Than Human*, exhibition catalogue, Barbican, 2019.

Ruggeri, Giorgio, *Open History - Designing the Communication of Historical Knowledge through the web*, Vilnius, VAA Press, 2019.

Samis, Peter, Michaelson, Mimi, *Creating the Visitor-centered Museum*, New York-London, Routledge 2016.

Sayre, Scott et al., *Extending the E-Commerce experience: Lessons learned and the questions that remain*, "MW 17", January 31, 2017, https://mw17.mwconf.org/paper/extending-the-e-commerce-experience-lessons-learned-and-the-questions-that-remain.

Schweibenz, Werner, *The Work of Art in the Age of Digital Reproduction*, "Museum International", 70 (2018), 1-2, p. 8-21.

Simon, Nina, *The Art of Relevance*, Santa Cruz, Museum 2.0, 2016.

Simon, Nina, *The Participatory Museum*, Santa Cruz, Museum 2.0, 2010.

Singer, P.W., *Wired for War. The Robotics revolution and conflict in the 21st century*, New York, Penguin, 2009.

Solima, Ludovico, *Le parole del museo. Un percorso tra management, tecnologie digitali e sostenibilità*, Roma, Carocci, 2022.

Spieker, Sven, *The big archive. Art from bureaucracy*, Cambridge, MA, MIT Press, 2008.

Stengel, Richard, *Information Wars: How We Lost the Global Battle Against Disinformation and What We Can Do About It*, New York, Atlantic Monthly Press, 2019.

Sterling, Bruce, *Giro di vite contro gli hacker*, Milano, Shake edizioni underground, 1993.

Sterling, Bruce, *Prefazione* a *Mirrorshades*, in *Cyberpunk. Antologia di testi politici*, a cura di Raf Valvola Scelsi, Milano, Shake Edizioni Underground, 1990.

Sutherland, Ivan, *A head-mounted three dimensional display*, AFIPS '68 (Fall, part I): Proceedings of the December 9-11, 1968, fall joint computer conference, part I, December 1968, p. 757-764, https://doi.org/10.1145/1476589.1476686.

Training Humans, a cura di Carlo Barbatti, Milano, Quaderni di Fondazione Prada, 2019.

Trione, Vincenzo, *L'opera interminabile. Arte e XXI secolo*, Torino, Einaudi, 2019.

Ulubeyli, Serdar, *Lunar shelter construction issues: The state-of-the-art towards 3D printing technologies*, "Acta Astronautica", 195 (2022), p. 318-343, https://doi.org/10.1016/j.acta-astro.2022.03.033.

Using games to enhance learning and teaching, edited by Nicola Whitton, Alex Moseley, London, Routledge, 2012.

Vavarella, Emilio, *rs548049170_1_69869_TT. (The Other Shapes of Me)*, Milano, Mousse, 2020.

Zane, Massimiliano, *Breve guida. La valorizzazione culturale 4.0*, Napoli, Editoriale Scientifica, 2022.

Zeki, Semir, *La visione dall'interno. Arte e cervello*, Torino, Bollati Boringhieri, 2007.

Zuboff, Shoshana, *Il capitalismo della sorveglianza. Il futuro dell'umanità nell'era dei nuovi poteri*, Roma, Luiss University Press, 2019.